广东华侨史文库

唐人街

毛岛往事

（法）帕斯卡尔·修（pascale　siew）著

苏玮东等　译

南方出版传媒　广东人民出版社

·广　州·

图书在版编目（CIP）数据

唐人街：毛岛往事 /（法）帕斯卡尔. 修（Pascale Siew）著，苏玮东等译. —广州：广东人民出版社，2018.12（2023.1重印）
（广东华侨史文库）
ISBN 978-7-218-12792-7

Ⅰ. ①唐⋯ Ⅱ. ①帕⋯ ②苏⋯ Ⅲ. ①华人—移民—研究—毛里求斯 Ⅳ. ①D748.438

中国版本图书馆CIP数据核字（2018）第092320号

TANGRENJIE MAODAO WANGSHI
唐 人 街 毛 岛 往 事

［法］帕斯卡尔·修（Pascale Siew） 著 苏玮东等 译

出 版 人：肖风华

策划编辑：王俊辉
责任编辑：胡扬文 李永新
责任技编：吴彦斌 周星奎

出版发行：广东人民出版社
地 址：广州市大沙头四马路10号（邮政编码：510199）
电 话：（020）85716809（总编室）
传 真：（020）83289585
网 址：http://www.gdpph.com
印 刷：三河市同力彩印有限公司
开 本：787毫米×1092毫米 1/12
印 张：19 **字 数**：250千
版 次：2018年12月第1版
印 次：2023年1月第2次印刷
定 价：98.00元

《广东华侨史文库》是《广东华侨史》编修工程的组成部分

由《广东华侨史》编修工作领导小组办公室资助出版

《广东华侨史文库》总序

广东是我国第一大侨乡，广东人移民海外历史久远、人数众多、分布广泛，目前海外粤籍华侨华人有3000多万、约占全国的2/3，遍及五大洲160多个国家和地区。

长期以来，粤籍华侨华人紧密追随世界发展潮流，积极融入住在国的建设发展。他们吃苦耐劳、勇于开拓，无论是东南亚地区的产业发展，还是横跨北美大陆的铁路修建，抑或古巴民族独立解放战争以及世界反法西斯战争，都凝聚着粤籍侨胞的辛勤努力、智慧汗水甚至流血牺牲。时至今日，越来越多的粤籍华侨华人政治上有地位、社会上有影响、经济上有实力、学术上有成就，成为住在国发展进步的重要力量。

长期以来，粤籍华侨华人无论身处何方，都始终情系祖国兴衰、民族复兴、家乡建设。他们献计献策、出资出力，无论是辛亥革命之时，还是革命战争年代，特别是改革开放时期，都不遗余力地支持、投身于中国革命和家乡的建设与发展。全省实际利用外资中近七成是侨、港、澳资金，外资企业中六成是侨资企业，华侨华人在广东兴办慈善公益项目超过3.3万宗、侨捐资金总额超过470亿元，为家乡的建设发挥了独特而巨大的作用。

长期以来，粤籍华侨华人充分发挥桥梁纽带作用，致力于促进中外友好交流。他们在自身的奋斗发展中，既将优秀的中华文化、岭南文化传播到五大洲，又将海外的先进经验、文化艺术带回家乡，促进广东成为中外交流最频繁、多元文化融合发展的先行地，推动中外友好交流不断深入、互利合作不断拓展，成为世界和平与发展的友好使者。

可以说，粤籍华侨华人的移民和发展史，既是中国历史的重要组成部分，更是世界历史不可缺少的亮丽篇章。

站在中华民族更深入地融入世界、加快实现伟大复兴中国梦的历史关口，面对广东全面深化改革开放、奋力实现“三个定位、两个率先”总目标的使命要求，中共广东省委、广东省人民政府决定编修《广东华侨史》，向全世界广东侨胞和光荣伟大的华侨历史致敬，向世界真实展示中国和平崛起的历史元素，也希望通过修史，全面、系统地总结梳理广东人走向世界、融入世界、贡献世界的历史过程和规律，更好地以史为鉴、古为今用，为广东在新形势下深化改革开放、加快转型升级、进一步当好排头兵提供宝贵的历史经验，形成强大的现实助力和合力。

编修一部高质量的《广东华侨史》，使之成为“资料翔实、观点全面、定性准确、结论权威”的世界侨史学界权威的、标志性的成果，是一项艰巨的使命，任重而道远。这既需要有世界视野的客观立场，有正确把握历史规律的态度和方法，有把握全方位全过程的顶层设计，更需要抓紧抢救、深入发掘整理各种资料，对涉及广东华侨史的各方面重大课题进行研究，并加强与海内外侨史学界的交流，虚心吸收国内外的研究成果。作为《广东华侨史》编修工程的重要组成部分，编辑出版《广东华侨史文库》无疑十分必要。我希望并相信，《广东华侨史文库》的出版，能够为广东华侨华人研究队伍的培育壮大，为广东华侨华人研究的可持续发展，为《广东华侨史》撰著提供坚实的学术理论和基础资料支撑，为推进中国和世界的华侨华人研究做出独特贡献，并成为中国华侨华人研究的重要品牌。

是为序。

广东省省长 朱小丹

2014年8月

唐人街

毛岛往事

中华人民共和国驻毛里求斯共和国大使　李立阁下作序

VIZAVI

福寿，陈从周作，1990年

目 录

序言

很荣幸为《唐人街——毛岛往事》一书作序。路易港唐人街是毛里求斯华人艰苦奋斗的一个缩影，更是中毛文化水乳交融的见证。我谨向该书的作者Pascale Siew女士致敬，她以独特的人文视角全景展示了华人在毛里求斯走过的难忘历程，为毛岛多元文化历史贡献了一份厚重的精神财富。

毛里求斯的华人背井离乡，却依然保留着拜关公、赛龙舟、过春节的习俗；他们人数不多，却一代代践行着仁爱孝悌、勇毅力行、自强不息等中华民族传统美德。书中勾勒的唐人街的发展与变化，华人家庭的悲欢离合，呈现出毛里求斯社会的人文风貌。一幅幅老照片、一张张老地图、一个个老故事展现了历史变迁中华人的坚韧与顽强，折射的是毛里求斯多元民族的奋斗与希望。

2013年3月，我赴毛履新前曾专程拜访毛里求斯华人的祖籍地——广东梅县。数百年前，华人就以此为起点漂洋过海来到毛岛，掀开了中毛友好交流的历史篇章。此后，两国人民间的友谊不断深化，两国政治、经济、文化各领域交流也日益繁盛。本书也从另一个侧面记录了华人为推动中毛友好做出的难以磨灭的历史贡献。

以史为鉴，当我们从当年的历史中体会先人不易之时，更能感受海外华侨华人以及中毛两国沧海桑田的历史巨变。让我们从这段历史中汲取无穷的智慧与营养，开创华人在毛里求斯更加美好的明天，开辟中毛友好更灿烂光明的未来。

中国驻毛里求斯大使
李立

前 言

华人很早就开始移民毛里求斯，到19、20世纪达到高峰。当时，为了逃避无穷无尽的斗争、杀戮、贫穷和迫害，无数土生土长的中国人背井离乡，漂洋过海寻求光明。他们中大多数人来自中国东南沿海省份，这也是大多数海外华人的祖籍地。

尽管不知前路何方，他们还是登上了货轮，自中国南海海岸出发，前往印度尼西亚、印度洋，只求改善自己和家人的生活。有些人不得不中途下船，屈服于欧洲殖民者，成为他们巩固殖民统治的免费劳力。还有些人投奔已经出国的同胞、亲人或同乡。在这一背景下，当19世纪中叶毛岛糖业繁荣发展之时，华人向毛里求斯移民渐成气候。最早一批移民者定居在首都中心，尽管经历了背井离乡和低谷挫折，但经过几十年的辛勤工作，他们凭借自己的智慧彻底改变了毛岛的零售业发展模式。他们用几十年的时间将自己的领地不断发展壮大，并且让这一地区成为首都最生机勃勃的区域之一。《唐人街——毛岛往事》一书回顾了来毛华人移民的各主要发展阶段、与当地社会融合的过程、为国家繁荣付出的辛勤努力以及对民族多样化做出的杰出贡献。

本书并不详尽，也不能与科学研究相提并论。它只是希望回顾那一段并不遥远但却已在老人们心中渐渐逝去的回忆，表达对勇敢离开故土、追寻美好生活的祖先的敬意。它讲述了中国移民如何借助19世纪经济发展大潮和一些英国总督的保护，更好地在经济、社会层面融入毛里求斯，旨在阐明一种成功的、可供借鉴的、有利于国家发展的民族融合模式。

华人族群（或称华裔）在毛岛扎根已有两百多年的历史，尽管仍然占少数，但无论是过去还是现在，他们都对国家发展起到了至关重要的作用。这群人中涌现出许多知名企业家，经过家族两三代人的努力，他们缔造出令国家引以为傲的一流企业。本书也突出强调了华人族群对一些中国传统价值理念的坚守，他们希望在不断迈向现代化的新环境中保持中国传统文化的独特魅力。

但愿本书能够将老一辈的历史篇章传承至年轻人，借以强化华人族群与伟大的毛里求斯大家庭之间的纽带。

左页：一位穿着大襟衫、马面裙的女子

1 毛岛华人溯源

几个世纪以来，世界各地的男人、女人、自由的、被奴役的、被解放的人们来到这里，共同构成了毛里求斯这样一个多元文化和谐共存的完美典范。

作为毛岛众多族群来源国之一，中国对毛里求斯大家庭的确立做出了重要贡献。

华人移民主要是来自中国东南部的福建人、广东人和客家人。

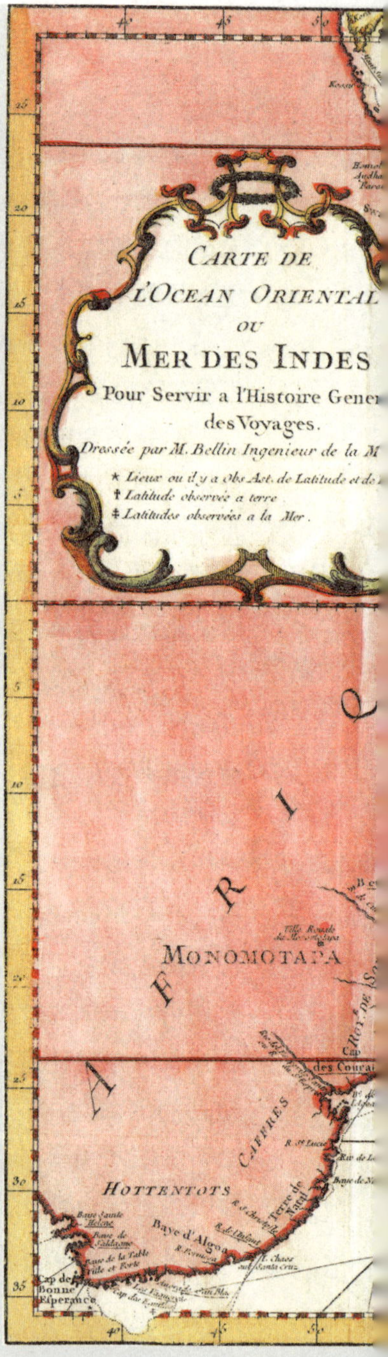

印度洋地图
Nicolas Belin，1752年

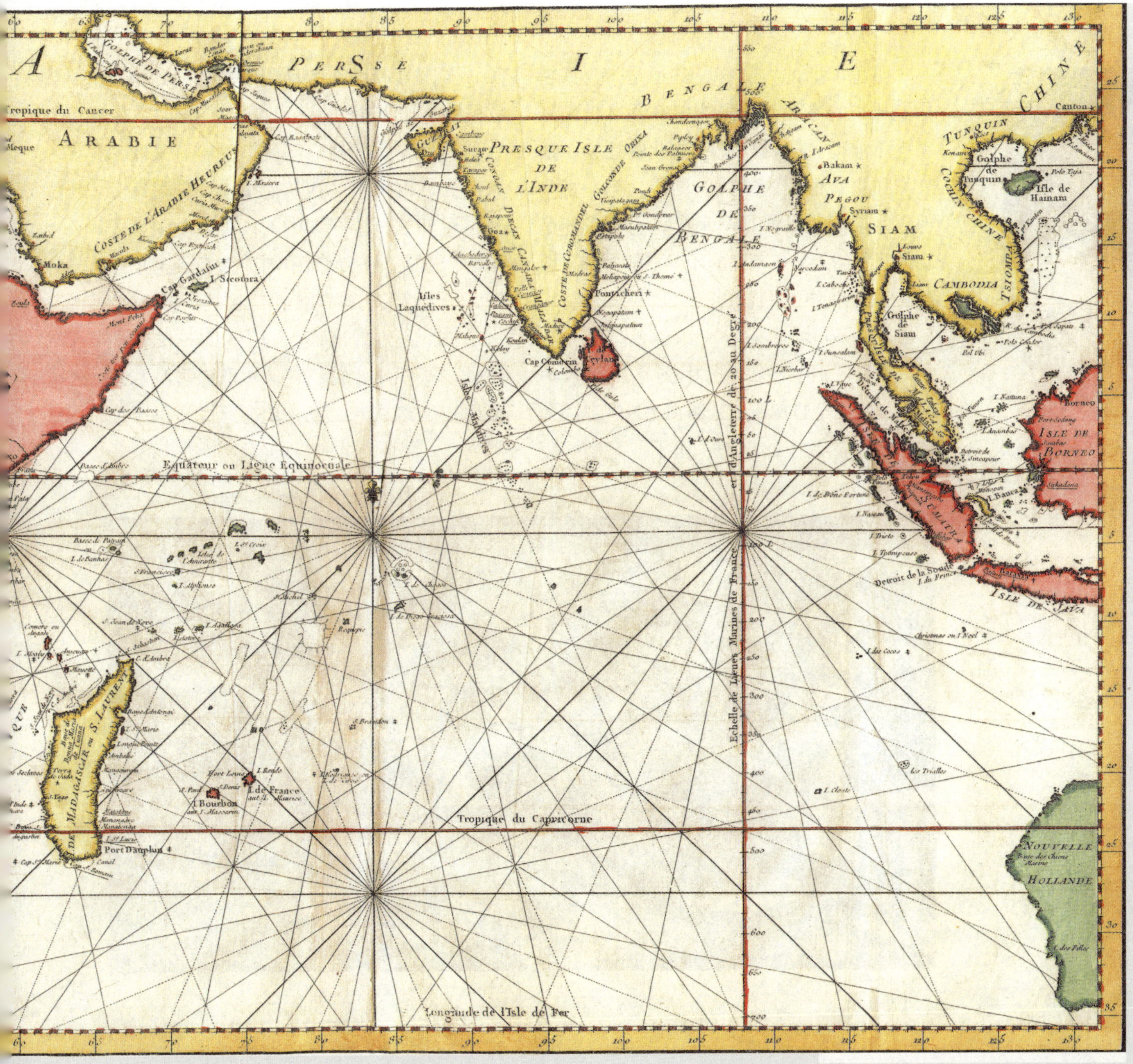
A
PERSE
I
E
Golphe de Perse
Tropique du Cancer
Arabie
Coste de l'Arabie Heureus
Moka
Cap Gardafui
I. Socotora
Bengale
Aracan
Chine
Canton
Tunquin
Golphe de Tunquin
Isle de Hainam
Presque Isle de l'Inde
Golphe de Bengale
Bakam
Ava
Pegou
Syriam
Siam
Cambodia
Golphe de Siam
Isles Laquedives
Cap Comorin
Ceylan
Pontichery
Cochin Chine
Equateur ou Ligne Equinoxiale
Isle de Borneo
Borneo
Detroit de la Sonde
Isle de Java
I. des Cocos
Christmas ou I. Noel
I. Bourbon
I. de France
Tropique du Capricorne
Port Dauphin
Madagascar ou S. Laurent
Nouvelle Hollande
Echelle de Lieues Marines de France et d'Angleterre de 20 au Degré
Longitude de l'Isle de Fer

毛里求斯的中国移民并不是一直保持稳定增长的态势，移民数量在几个世纪以来上下浮动，同时移民者彼此的社会、语言习惯也有很大的差异。据传，第一批到毛里求斯的人可能是马来人，也有可能是15世纪参加了从东南亚到印度洋的郑和下西洋航海活动的中国航海家。

17、18世纪来毛的中国移民数量不多，这是由于1718年清廷颁布圣旨严禁国人离开家乡。到了19世纪，由于奴隶制的废除，英国当局面临劳动力资源紧缺，中国移民随之加快进程。

1860年，清政府与英、法签订《北京条约》，再加上一些其他举措，使得部分获得海外工作合同的中国人可以全家移民出国。这使得一大批中国商人来到毛里求斯，华人移民渐成气候。

19世纪末，海运公司定期安排轮船航线，从广州、厦门、汕头取道香港和新加坡开往路易港，进一步为移民提供了便利。

19世纪末到达毛里求斯的中国移民

船舱里的中国移民，作者不详

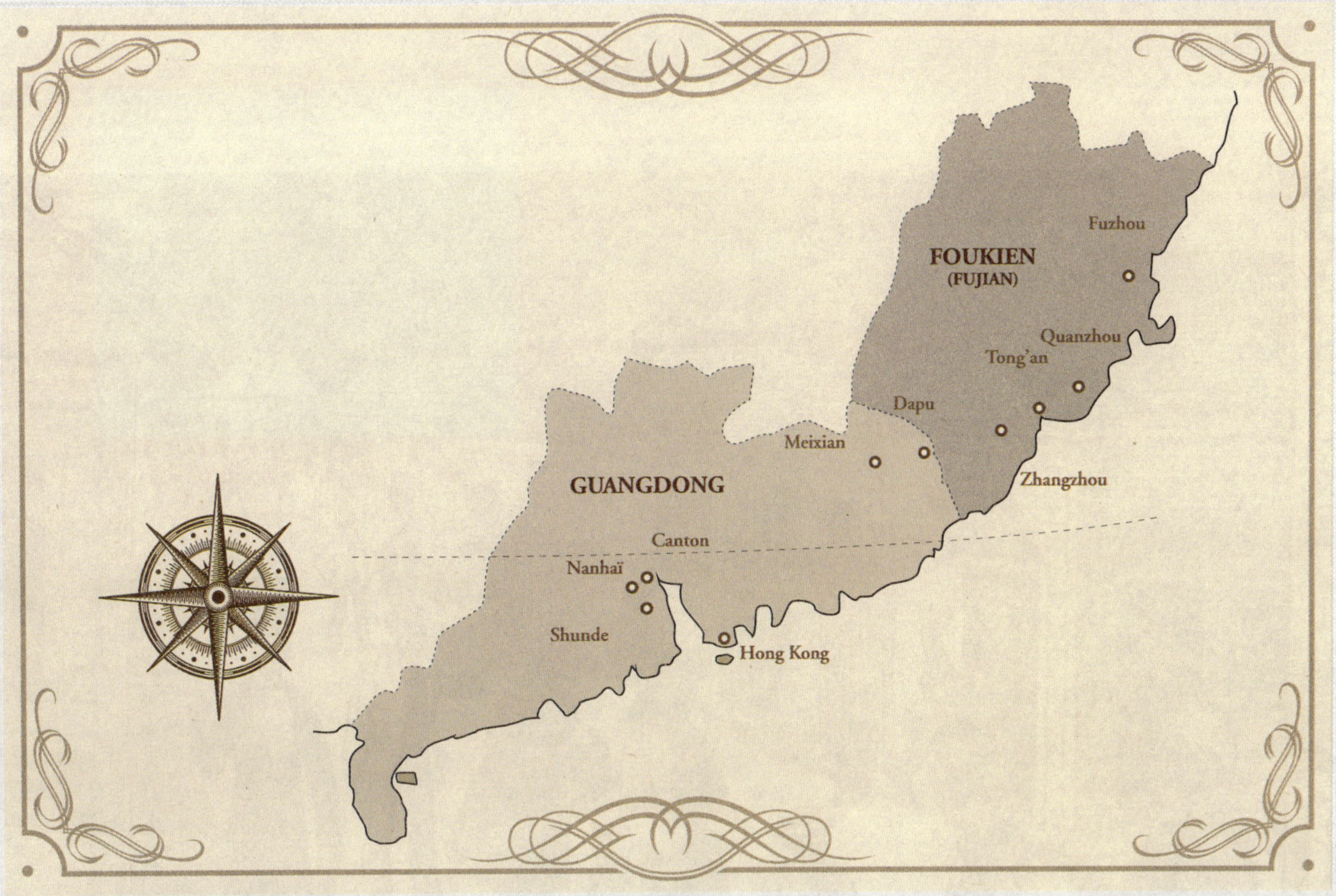

福建和广东

绝大多数早期来毛里求斯的中国移民来自福建省。福建位于中国东南部，东临台湾海峡，境内丘陵连绵，耕地稀少，于是长久以来很多当地人移民海外以追求更好的生活。

移民中的广东人和客家人都来自沿海省份广东。广东人主要来自珠江三角洲地区，更准确地说，是佛山市南海区和顺德区；客家人则来自著名侨乡梅州市梅县区。梅县区位于广东东北部，多山地，土壤贫瘠。

路易港街区，1843年
左边可以看到Ah-Sin的商店，
主要销售朗姆酒、白兰地、
三文鱼和鼠药。

尽管毛当局多次试图招募中国劳工赴毛务农均告失败，但在之后的几十年中还是有很多自愿来毛里求斯的商人和手艺人。他们大多数是福建人、广东人和客家人，并逐渐成为成功和富裕的代名词。不仅这样，这些人的到来将彻底改变这个小岛的经济面貌，他们将唐人街变成了毛里求斯首都最有活力的街区。

《南京条约》

1842年8月29日，清政府在第一次鸦片战争中战败后被迫与英国签署《南京条约》。条约迫使中国割让香港岛，并开放广州、上海等五处通商口岸。条约签订后，随之而来的压迫、饥荒、瘟疫、灾害和土匪让很多中国人背井离乡，辗转澳门、新加坡、槟城、马六甲等地，向毛里求斯等欧洲国家殖民地移民。

《南京条约》签字仪式
John Platt 绘，1846年

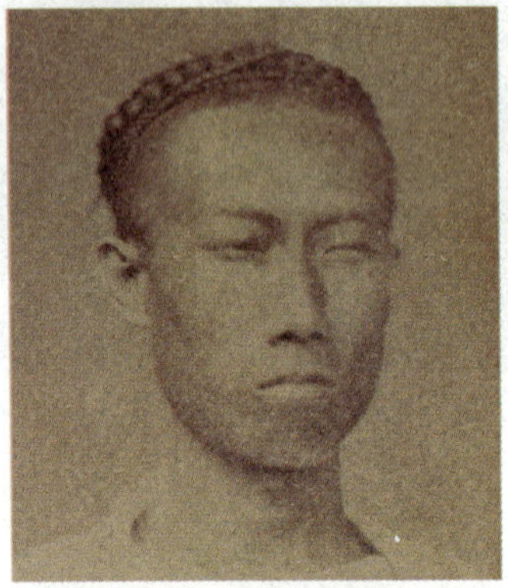

中国“苦力”*

根据历史学家Albert Pitot所著《毛里求斯岛》（*T'Eyland Mauritius*）的记载，第一个来毛里求斯的中国人于1654年3月7日抵达。当日有三名在巴达维亚（雅加达旧名）服刑的中国犯人，乘坐开往荷兰新殖民地开普敦的Haes号船在毛里求斯登陆。毛里求斯第一任总督Jan van Riebeeck本想让巴达维亚发送一些能够推动当地农业和渔业的中国农民，但是他最后只收到几个中国犯人，结果只能把他们当奴隶使唤。

但直到1754年法国统治时期才能找到有关少数中国奴隶、园丁、工匠、商人来毛的文字记载。他们中还有两位名叫Pauline和Gracia的中国女子，船长Louis Vigoureux在广东买下她们，来平衡殖民地的男女比例。经过多年的艰苦工作，她们最终摆脱奴隶身份，获得自由。

几年之后的1761年4月，当时英法两国正在争夺在印度的霸主地位，德斯坦伯爵（Count d'Estaing）将劫掠来的300名中国商人和他们的家人送到路易港。这些商人在得知他们将在此做苦力后，立即罢工，并要求总督Desforges-Boucher将他们送回祖国。第二年他们的要求获得批准。18世纪80年代的几次招募中国劳工的努力也均告失败。

19世纪20年代末，奴隶制废除进入倒计时。而1833年签订的《废奴法案》让甘蔗种植业经历了一段极不稳定的发展时期。英国当局和种植园主不得不向海外寻求廉价劳动力。他们寄希望于印度，与此同时，又再一次把目光投向中国。

1829年，两批中国契约劳工自新加坡到达路易港，分别是149人和249人。由于糖厂的严酷压榨和恶劣的生活条件，他们很快就开始反抗，逃离了甘蔗地。

* 苦力的英文翻译是“coolie”，是指以付出劳力为生的廉价劳工。

同年，为避免社会动乱，Farquhar总督决定遣返中国劳工，并打算就规范契约劳工的合同条款进行立法。甘蔗种植园主决定从印度引进劳工。但是到了1839年，由于印度劳工受到虐待的情况被公之于众，英属印度政府决定停止对毛里求斯的“苦力贸易”，于是，对中国苦力的新一轮招募又开始了。

1840年至1843年间，种植园主派出的招募代理先后从槟城和新加坡带回了几千名中国劳工。他们都签了五年的合约，但是很快他们就受不了种植园主的压迫，开始反抗。大部分人离开种植园后，因为流浪或是小偷小摸被驱逐出境。1842年，总督Lionel Smith与印度当局签署了重新输送印度契约劳工的协议，1844年以后停止招募中国苦力。在1849年他们的五年合约到期后，大多数的中国苦力加入少数自由商人的行列，成为小贩、工匠，有的甚至成为小种植园主。后来又有了最后两次招募中国农业劳工，一次是1857年，是由于印度政府又因印度苦力待遇太差终止了劳工输送。最后一次是在1920年，当时印度移民数量急剧减少，华商总会（Chinese Chamber of Commerce）出面协助组织。但是，这两次尝试最终均以失败告终。

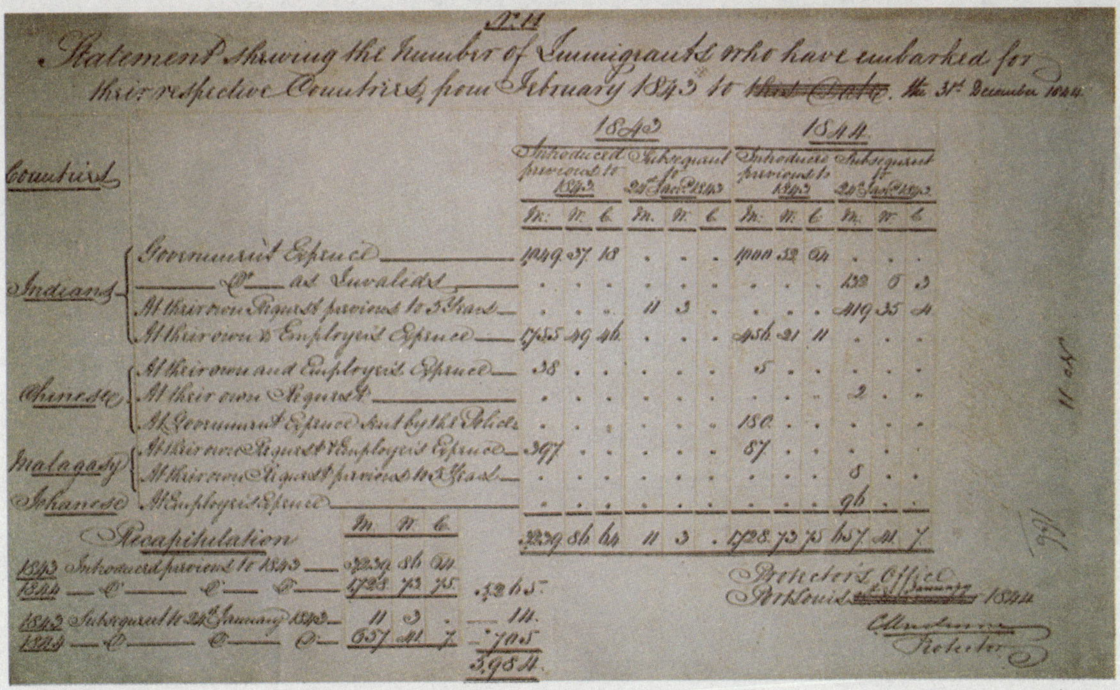

No. 14

Statement showing the Number of Immigrants who have embarked for their respective Countries, from February 1843 to the 31st December 1844

Countries		1843 Introduced previous to 1843 M.	W.	C.	1843 Subsequent to 24th Jan. 1843 M.	W.	C.	1844 Introduced previous to 1843 M.	W.	C.	1844 Subsequent to 24th Jan. 1843 M.	W.	C.
Indians	Government Expence	1049	37	18	.	.	.	1000	32	24	.	.	.
	Do as Invalids	.	.	.	.	.	.	.	.	.	132	6	3
	At their own Request previous to 5 Years	.	.	.	11	3	.	.	.	.	419	35	4
	At their own & Employers Expence	1755	49	46	.	.	.	456	21	11	.	.	.
Chinese	At their own and Employers Expence	38	.	.	.	.	.	5	.	.	.	.	.
	At their own Request	.	.	.	.	.	.	.	.	.	2	.	.
	At Government Expence sent by the Police	.	.	.	.	.	.	180	.	.	.	.	.
Malagasy	At their own Request & Employers Expence	397	.	.	.	.	.	87	.	.	.	.	.
	At their own Request previous to 5 Years	.	.	.	.	.	.	.	.	.	8	.	.
Johannese	At Employers Expence	.	.	.	.	.	.	.	.	.	96	.	.
		3239	86	64	11	3	.	1728	73	75	657	41	7

Recapitulation

		M.	W.	C.	
1843	Introduced previous to 1843	3239	86	64	
1844	do do	1728	73	75	5265
1843	Subsequent to 24th January 1843	11	3	.	14
1844	do do	657	41	7	705
					3,984

Protector's Office
Port Louis 1844
Protector

旁页左图：中国苦力，1860年

左图：1842年和1844年回国的移民者名单

福建人缔造的唐人街

最早到毛里求斯的中国商人和工匠可以追溯到18世纪后半叶，特别是在1770年以后。当时法国东印度公司失去了在马斯克林群岛的垄断地位。

但是直到19世纪英国总督Robert Farquhar在任时期，华人族群才开始得到更快发展。

在接下来的几十年，也正是在毛里求斯面对蜂拥而至的印度劳工的重要历史时期，中国福建移民带来的零售业大发展成功地重塑了这个小岛的经济。

事实上，中国商人们共同缔造的零售网络很快成为这个国家经济社会发展的中枢神经。

19世纪早期的路易港已经是一座现代化都市。1817年，旅行家Auguste Billiard把它比作“东方之都”，因为路易港是个多种族汇聚的大熔炉。他将这个城市分成三大区域：“白人区”（White Town），主要居住的是欧洲人；西区，又被称作自由营

中国劳工
L.A.Roussin绘，1849年

从拇指山（Pouce mountain）上看拿破仑港（今路易港），M.G.Milbert绘，1812年

(Free Camp),由有色人种和被解放的奴隶组成;东区,也被称作马拉巴尔营(Malabar Camp),主要是印度人居住地。此外,还有一块相对面积较小的“唐人街”。当时,大多数中国移民都居住在路易港。其中多数是商人,也被称作“华商”,他们居住在热闹的港口区,按季节在他们东南亚商贸基地和定居的毛里求斯间穿梭发展贸易。

当时最杰出的人物莫过于一名叫陆才新(Log Choisanne)的福建商人。他被大家称为“Hahime”,他是毛里求斯华人的领袖和保护伞,大家推举他为“头家”(Kaptan),这一称呼被华商沿用至今。陆才新迅速成为了中国人在毛里求斯定居的推手,帮他们与英国当局沟通。英国人将中国商人视为发展毛里求斯商业的重要力量,而不是殖民的负担。

因此,华人族群不但要向其成员提供帮助,还要通过“头家”来规范新移民的加入,“头家”制度在政治和宗教中心——关帝庙(Kwan Tee pagoda)周围建立起来。

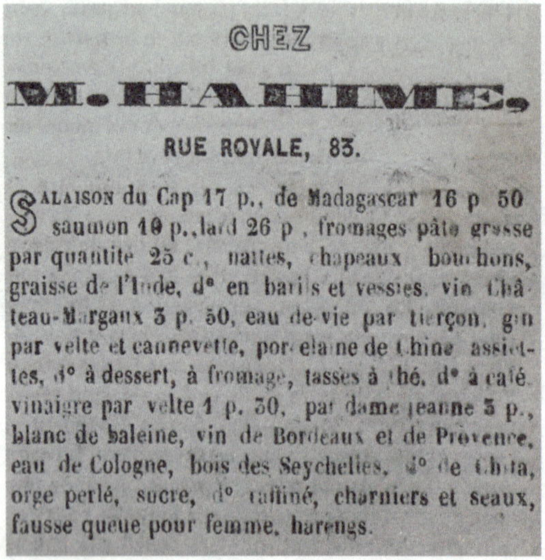

CHEZ

M. HAHIME,

RUE ROYALE, 83.

SALAISON du Cap 17 p., de Madagascar 16 p 50 saumon 10 p., lard 26 p, fromages pâte grasse par quantité 25 c., nattes, chapeaux bouchons, graisse de l'Inde, d° en barils et vessies. vin Château-Margaux 3 p. 50, eau de-vie par tierçon, gin par velte et cannevette, porcelaine de Chine assiettes, d° à dessert, à fromage, tasses à thé, d° à café. vinaigre par velte 1 p. 30, par dame jeanne 3 p., blanc de baleine, vin de Bordeaux et de Provence, eau de Cologne, bois des Seychelles, d° de Chita, orge perlé, sucre, d° raffiné, charniers et seaux, fausse queue pour femme, harengs.

陆才新在报纸上刊登销售玛歌红酒、塞舌尔木材、中国瓷器和精制糖等奢侈品广告。
Le Cernéen,1840年4月25日

华人族群的家族观念和齐心协力让华商的生意在Royal Road蓬勃发展。持有经营许可证的商家可以带十个助手,因此在很短的时间内,中国小商店遍地开花。

陆才新在首都的重要位置拥有三家商铺,分别位于北部的马拉巴尔营、中部的白人区和南部郊区的黑人区。他的第一家店开在了不允许亚非裔进入的白人区外围(Royal Road 83号,与La Paix Street交汇处),这证明了他当时的显赫地位。

陆才新

陆才新，祖籍福建，1816年以商人身份抵毛，由于精通英法双语，其生意很快兴隆起来。

为了在路易港新开商铺，扩大经营，陆才新在1821年获得总督Farquhar的许可后，于1826年自费将一批同乡的商人带到毛里求斯。其中Ahim，Hankee，Nghien 和 Whangoo成为了他的忠实伙伴和合伙人。

他深受英国当局信任，成为了中国移民的发言人和官方担保人。1842年，为了纪念武财神关公，他获准在萨林纳地区（Les Salines）的私人土地上修建海唇关帝庙（Cohan Tai Biou Kwan Tee pagoda）。

作为关帝庙会长，他负责仲裁中国移民之间的纠纷并为有需要的人提供帮助。

陆才新于1872年返回中国，10年后去世。

陆才新画像

华商们并没有意识到，他们所从事的食品和服装零售活动为毛里求斯的商业发展带来了革命性影响。过去，商品销售被大批发商垄断，刚刚获得自由的劳工和奴隶根本无法购买。华商还引入了赊账销售的信用体系，这在毛里求斯是一大创举，富有的地主和穷苦劳工都能从中获益。

路易港地图
M.G.Milbert绘，1812年

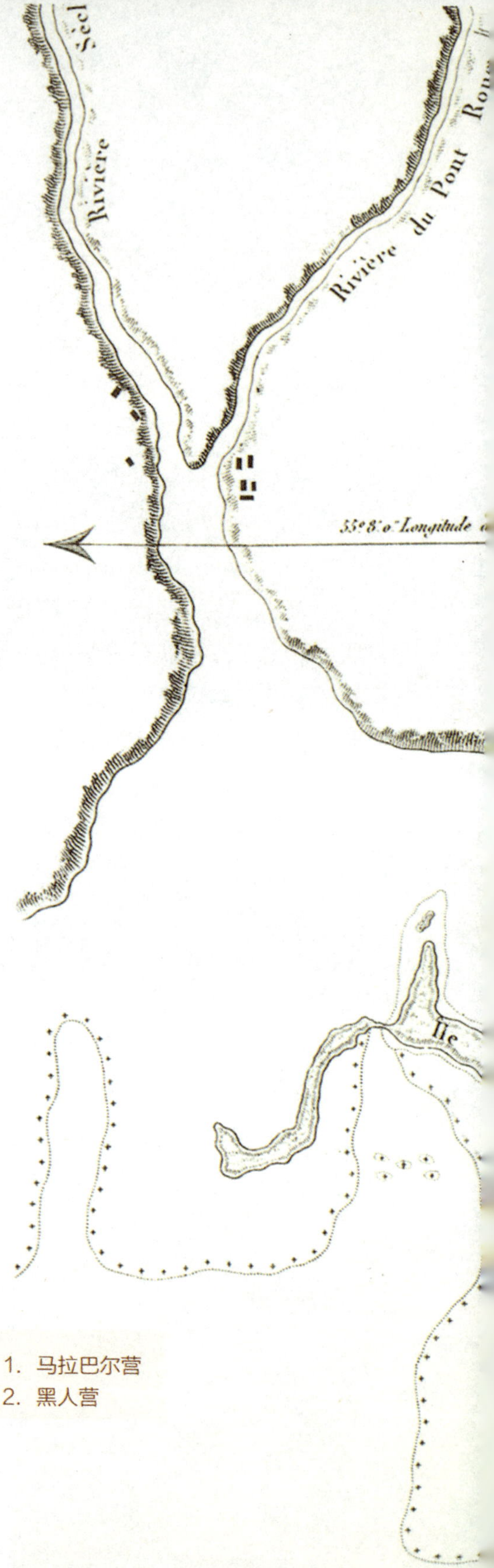

1. 马拉巴尔营
2. 黑人营

Camp des Noirs de l'Etat
Ceinture de Fortifications
Rivière des Lataniers
Camp des Malabares
Ruisseau des Pucelles
Petite Montagne
Champ de Mars
Champ de Lort
Trou Fanfaron
Chaussée Tromelin
Tonneliers
Redoute Labourdonnaye
Entrée du Port Napoléon
Jetée projetée
Fort Blanc
Cimetière
Salines
Camps des Noirs Libres
Découverte du Port
Chemin de la Gde. Rivière
Latitude Sud

广东人在唐人街

1840年以后的第二波中国移民以广东人居多，他们也被称为南顺人（来自广东省佛山市南海区和顺德区）。除一小部分来自南海区外，更多的人都来自顺德区，比如陈氏、霍氏、何氏、罗氏（Chan、Fock、Ho、Law）。广东移民得到了福建同胞的欢迎，定居在Royal Road，后来扩展到Arsenal Street和David Street。他们乐于传播中国文化，也对当地文化持开放态度，在传承自身传统的同时，他们也成为第一批接受西方习俗的移民。

1874年，陆才新去世后，广东人经总督批准，推举阿凡·邓钧（Affan Tank Wen）为“头家”。1882至1883年间，他们在Arsenal Street设立了第一家会馆（“kwon”）——陈氏宗亲会（Chan Cha，亦称“陈宅”）。“会馆”是一种按宗族划分的互助社团。1874年颁布的法律规定，成立社团必须履行注册手续，陈氏宗亲会遂成为毛岛第一家注册的华人会馆。

左图：阿凡 · 邓钧

旁页：市集入口
Thuilliez depicting绘，1847年

广东人的到来极大地丰富了当地的商铺种类，他们在唐人街北部新开了餐馆、药铺、古董店、卖香料的杂货铺。

当时，Royal Road是路易港的主干道，从马拉巴尔营延伸至the Casernes（Line Barracks）。中国商人集中在马拉巴尔营和Rampe Street之间，欧洲人则居住在南部，即现在被称为La Chaussée的地方。那时候最有名的广东商店叫做保寿堂（Lai Tong）。

奴隶制的废除以及印度农业劳工的到来为中国商人提供了新的商机。他们虽不富裕，但数量庞大，中国商家进口了大量价廉物美的生活必需品以满足这些客人的需求。

正如19世纪中期美国外交官Nicholas Pike所描述的，路易港一个“有趣的特点”是，在销售精美奢侈品的高档商店旁边，“中国小商店的橱窗里摆满了咸鱼、木炭、红酒、椰子油、大米、木材、猪油等数以千计的各类食品和日用品，所有商品都可按客户需求进行零售。”

中国商店老板适应力强，善于发掘机会，既服务有钱的白人，也做原奴隶和劳工等穷人的生意。

上图：1860年-1892年，路易港的商业主干道

右图：身着长袍的广东移民

苏格兰长老会教堂钟塔上的景观，Fiebig绘，1859年

客家人重塑唐人街

梅县是第三批中国移民的发源地，位于广东省梅州市，是客家人的重要聚居地之一。

第一批客家人于1860年9月在Ville de Paris登陆毛里求斯。其中包括Tan Chow，Chan Heyou，Chan See，Ong Hassan，Le Bow，Chan Buck 和 Chin Ton（中文名不详）。Chin Ton在 Royal Road 和 Ramp Street的交叉路口一座大楼的一层开了一家东方香料铺，也就是今天友谊娱乐城（L'Amicale de Port louis）的位置。

1860年，李万昌（Lee Ah Van）来到毛岛。他是毛里求斯最重要也是最早的客家宗族——李氏家族的第一位代表人物。

几年后，数以千计的客家人涌向毛里求斯。他们有的是因为贫困，有的是因为客家籍农民领袖洪秀全发动反清太平天国运动而遭受政治迫害，还有的是因为1864-1866年间客家人与广东人的自相残杀。新移民的到来为唐人街带来了新面貌：新的商店、新的生活方式、新的菜系，特别是新的方言。

客家人主要集中在Arsenal Street沿线和Royal Road南部，一直到政府大楼。他们也遵循宗族划分制度进行管理，并在陆才新设立的关帝庙不远处建立起自己的宗庙。1874年，他们创建了仁和会馆（Heen Foh Society）。几年后，他们又在Joseph Rivière Street修建了财神庙。

1877年，他们建立陇西堂李氏会馆（Loong See Tong Lee Society，也称Kwon Lee）来帮助新来的客家移民。

19世纪末，客家移民人口达到了福建人和广东人的总和。原广东省内各族群间的历史旧账又被翻了出来，特别是在广东人和客家人之间出现裂痕，族群关系十分紧张。

1900年6月，“头家”阿凡·邓钧去世。客家人不满广东人在毛的霸权地位，游说总督从他们中选择新的华裔领导人。关帝庙是所有华人的信念寄托，会长一职也让他们争得不可开交。

左图：一家客家人移民

上图：中国移民，1865-1905

1906年6月21日，毛里求斯最高法院做出了一个明智的裁决，即此后华社领导人采取轮流制，所有的决定都必须由十五人委员会成员（五名福建人、五名广东人、五名客家人）投票完成。

这一法令结束了“头家”职位控制华人族群的时代，也促成了1909年华商总会（Chinese Chamber of Commerce）的诞生。这一组织在之后的许多年不断发展壮大。

REGISTERED No. 643/64

CERTIFICAE OF ARRIVAL

ORDINANCE No. 11 OF 1877.

I hereby certify that Han Yoon 39 years born at Canton arrived at Mauritius on the 9th June 1904, on board the S.S. Tai Lee from Hong Kong

Port Office,

This 4th day of October 1904

Harbour Master.

PORT OFFICE ... MAURITIUS

上图：马拉巴尔营的街道，
K.Girardet绘，1863年

右图：入境证明，1928年

旁页：客家商人，1863年

客家人

客家人的起源众说纷纭，但是大家越来越倾向于相信客家人是北方中原汉族人的后代，后来迁徙到南方定居，这可以从很多客家人家里的族谱（tsouc-pou，客家话）得到印证。

中国历史上有几次客家人大规模移民。根据记载，由于战争、造反、迫害和饥荒等原因，在1127年开始的第三次和第四次的大规模移民中，客家人从长江流域南迁至四川、广西以及福建和广东沿海。

客家人与当地居民（punti）往来日益密切的同时，冲突也无可避免地潜滋暗长。

这种被仇视的环境造就了客家人团结对外的特点，他们居住的带有防御性风格的土楼（Tulous）可能就是这种心态的一个侧面反映。

经过多年奔波，大量客家人在广东梅江沿岸和梅县等丘陵地区定居。到了1860年，很多人因参与太平天国运动而不得不到海外避难。

到今天为止，海外客家人总数约为8000万人，其中大多数人（包括毛里求斯移民）都来自梅州和梅县。梅县也被誉为“华侨之乡”。在毛里求斯有90%左右的华裔人口都是客家人。

左图：梅县的船桥，
Hermann Bay摄，1920年

右图：客家人家庭，1930年

禁令、请愿、征税：阻碍重重

虽然中国人在毛里求斯幸免于奴隶制的暴力和侮辱，但他们仍然是种族主义和社会歧视的受害者。

中国商人的成功引起了其他族群商家的嫉妒，他们担心中国商家的迅速崛起会对其既有地位构成冲击。比如说，中国商人引入的赊账销售模式就被欧洲商人认为是不正当竞争。

于是他们向当局递交请愿书，要求从法律上对中国人的活动加以限制。例如，禁止中国人在公职部门任职，禁止购买不动产。当时正值奴隶制废除时期，大片土地被卖出，不动产市场投机行为十分猖獗。与属于大英帝国臣民的印度人不同，中国人被认为是外国人。根据1842年的法规，外国人不得购买土地。这一法规直到1970年才重新修订，彻底打乱了华人族群在岛上巩固其地位的进程。

为了能够购买土地，一些中国人选择入籍或者与其他族裔通婚。但是放弃中国国籍，成为英国臣民的人很少，大部分人还是渴望回国。一些中国商人则选择与克里奥尔女子结合，以她们的名义购买土地。

在19世纪80至90年代，毛里求斯兴起排华浪潮。幸运的是，几任英国总督都愿意保护华人。例如，1886年7月20日，总督Pope Hennessy在演讲中称赞中国商人“是各种族、各阶层中对毛岛财政收入贡献最大的”。

1892年的一场灾难性飓风给毛岛带来了严重的财政危机，有人向立法委员会提交动议，希望提高中国商店的营业执照费。虽然动议最终被否决，但中国商人仍继续遭到排外对待。

尽管有重重阻难，中国移民还是凭借自己的勤奋、智慧和团结一点点在毛里求斯市场上开拓出属于自己的天地。

左图：Athow先生、他的妻子Marguerite和他们的七个孩子

上图：被1892年飓风摧毁的唐人街房屋

无名英雄：女性移民

上图：穿着清朝传统服饰的中国家庭

右图：Dr Atcham的姐姐，1890年

很多到毛里求斯的中国移民都被迫抛妻弃子。但是到了20世纪初，清廷解除了女性不得离开国土的禁令，很多中国移民的妻子，尤其客家人，选择到毛里求斯与丈夫团聚。这些女性移民的到来对于岛上形成稳定的经济社会格局产生了决定性作用。她们除了让家里生意兴隆，还成为了中国传统文化的坚定守护者。前两批中国移民都是以男性为主。很多人定居后与克里奥尔人、印度人和马达加斯加人结婚。

为避免文化冲突，这些通婚家庭都不得不各让一步。父亲们都希望孩子们，尤其是儿子们，能够了解中国传统文化，学习家乡话。通常，他们都会至少把一个儿子送回中国抚养。克里奥尔母亲们则坚持孩子接受洗礼，这些孩子成为第一代毛里求斯的中国-克里奥尔混血。1927年，根据当时文字记载，有386名孩子生于中国父亲和克里奥尔母亲组成的家庭，有148名孩子生于中国父亲和印度母亲家庭。随着中国女性移民的到来，不同族裔的通婚虽时有发生，但已不再常见了。

20世纪初中国女子移民的到来不仅促进了华人商业繁荣，还加强了中国传统文化价值观在本族群内的传播。丈夫十分信任他们妻子，妻子也撑起了家庭经营小本生意的半边天，充分展现了她们吃苦耐劳的一面。

华人族群按宗族划分，围绕其各自宗庙和文化社团开展活动。一些母亲为了传承传统，会在本族群里挑选儿媳，她们甚至不愿意与其他族群交流。例如，那时客家人与南顺人（广东人）通婚几乎从未有过。因此，与同胞结婚的中国人和与外国人通婚的中国人之间有一条明显的分界线。

穿着袄裙、中山装的孩子们

林氏夫妇

1896年，Lim Fat Voon 与 Soon Lifo 在梅县附近的一个叫Kok Kung Liang的小村庄结婚了，当时他们都只有14岁。几年后，他们的第一个儿子林普登（Lim Poo Ten ，又叫做Lampotang）出生了。1900年，为改变贫穷的生活，Voon离开妻子和刚出生的儿子，来到毛里求斯投奔他的哥哥，十年后他才攒够钱回国接家人来毛。

好不容易团聚以后，一家人在Bon Accueil落脚，还开了一家商店。Lifo帮忙烹制咖喱章鱼卖给顾客。后来她又改做衬衣，让Voon拿到路易港的林家馆（Chinese Lim Club）卖。她不知疲倦地干活，除了照顾三个孩子外，每天都要缝10件衬衣。Voon同样马不停蹄地工作。到了1937年，他已拥有超过二十家店面，其中一家在Montagne Longue的店是以他的名字命名的。1939年，Voon夫妇决定到香港养老，将店面留给他们三个儿子管理。他们最小的儿子后来成为了受人尊敬的林满登爵士（Professor Lim Fat）。

Lim Fat Voon 和他的妻子Soon Lifo
他是第一批剪掉辫子，穿西式礼服的人。

第122号乘客

左下图：管翠兰1930年到毛里求斯时的护照照片

右图：市集主干道

管翠兰（Koon Choi Lan ）在梅县的村庄里长大。尽管从未听说过毛里求斯，她却在那里生了三个孩子，度过了她的一生。命运的转折点发生在1928年的一场包办婚姻，那一年她15岁，她的丈夫名叫Wan Fong。1930年春天，为了与在毛里求斯的丈夫团聚，管翠兰独自一人去香港等候轮船。她对在香港发生的一件事记忆犹新。那时负责办理移民的人告诉她在毛里求斯不许留长发，并不顾她的反对，操起剪刀强行剪去她乌黑的长辫子。后来她把这条辫子放在家中抽屉的最底层，珍藏多年。她的一个女儿说，母亲最爱的两件事就是园艺和烹饪。她还有一件痴迷的事，就是学习客家话以外的语言，当时她到毛里求斯时只会说客家话。她坚持让在新华中学上学的孩子们每天教她一个汉字。管翠兰还喜欢采用中医来治疗一些小毛病，并定期给亲朋好友送一些药酒和滋补酒。管翠兰去世时享年88岁 。

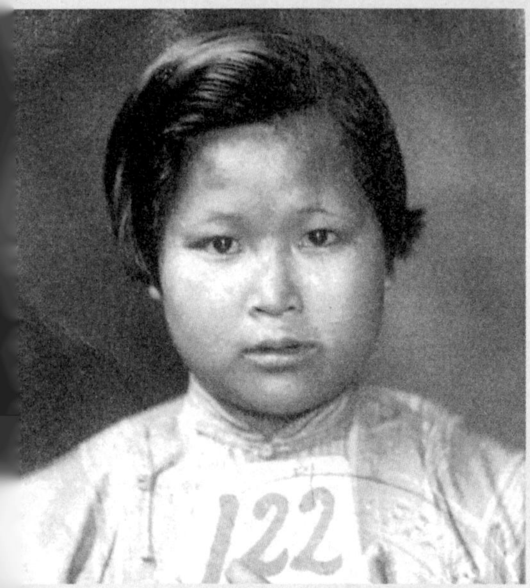

唐人街的边界

关于唐人街的边界有很多种说法。事实上，毛里求斯政府对于坐落在路易港市中心的唐人街从未划定过官方的起止范围。它是伴随着中国移民在路易港中心经商、定居而自然形成的聚居地。

1812年，绘图师J.G.Milbert 绘制了唐人街地图，几年之后，旅行家Auguste Billard提到唐人街建立，1935年，历史学家Auguste Toussaint 在著作《两百年路易港》中首次明确指出唐人街的边界范围。书中描绘了这一地区商贾云集的繁忙景象，并提到很多商家出于便利，居住在商店二层：“从 Royal Road与Sir William NewtonStreet 交汇处一直延伸至Plaine Verte一带都是中国人聚居地。这里已取代la Chaussée成为首都最繁华的商业中心，全岛最好的商店汇集于此。”

上图：拉波多内总督像以及1865年前后的La Reine Road 街景

右图：路易港码头

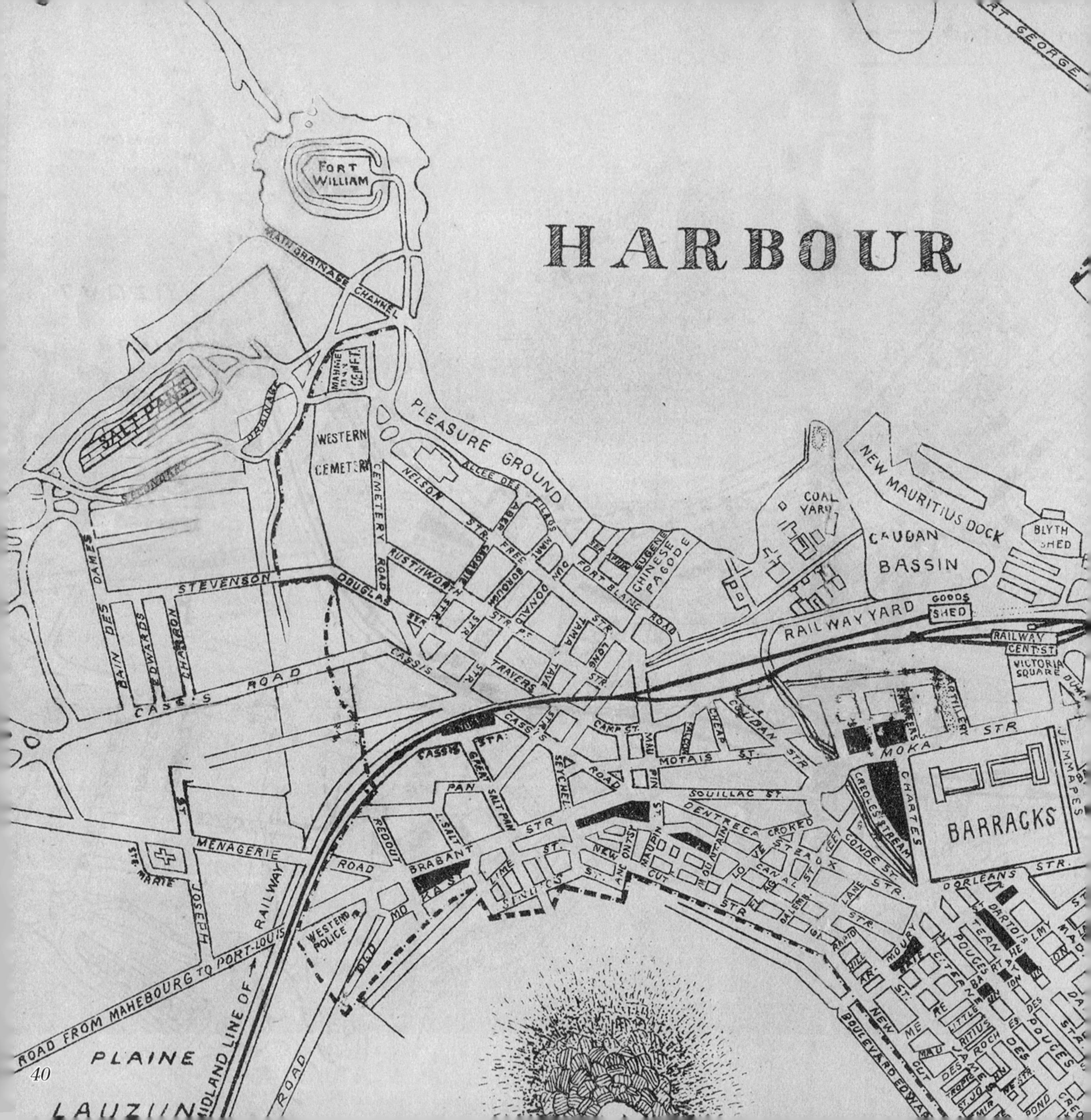
HARBOUR
FORT WILLIAM
MAIN DRAINAGE CHANNEL
SALT PANS
MARINE CEMT.
WESTERN CEMETERY
PLEASURE GROUND
NELSON STR
ALLEE DES FILAOS
CEMETERY ROAD
STEVENSON
DOUGLAS
RUSTHWORTH STR
FORT BLANC ROAD
CHINESE PAGODE
EUGENE
COAL YARD
NEW MAURITIUS DOCK
CAUDAN BASSIN
BLYTH SHED
GOODS SHED
RAILWAY YARD
RAILWAY CENT. ST.
VICTORIA SQUARE
BAIN DES DAMES
EDWARDS
CHARRON
CASSIS ROAD
CASSIS
TRAVERS
CAMP ST.
MOTAIS ST.
SOUILLAC ST.
CAUDAN STR
CHEAP
MOKA
ARTILLERY
STR
JEMMAPES
BARRACKS
CREOLES STREAM
CHARTES
CONDE ST.
ORLEANS
STR
SEYCHELLES ROAD
PAN
SALT PAN
REDOUT
BRABANT
MENAGERIE
ROAD
JOSEPH
RAILWAY
WESTEND POLICE
ROAD FROM MAHEBOURG TO PORT-LOUIS
MIDLAND LINE OF RAILWAY
PLAINE
LAUZUN
ROAD
BOULEVARD EDWAR
LANE STR.
CANAL ST
NEW
CUT
STR
POUCES
ROCHES
DES
JAMES
MAU RITIUS
LITTLE
NEW
ST. GEORGE

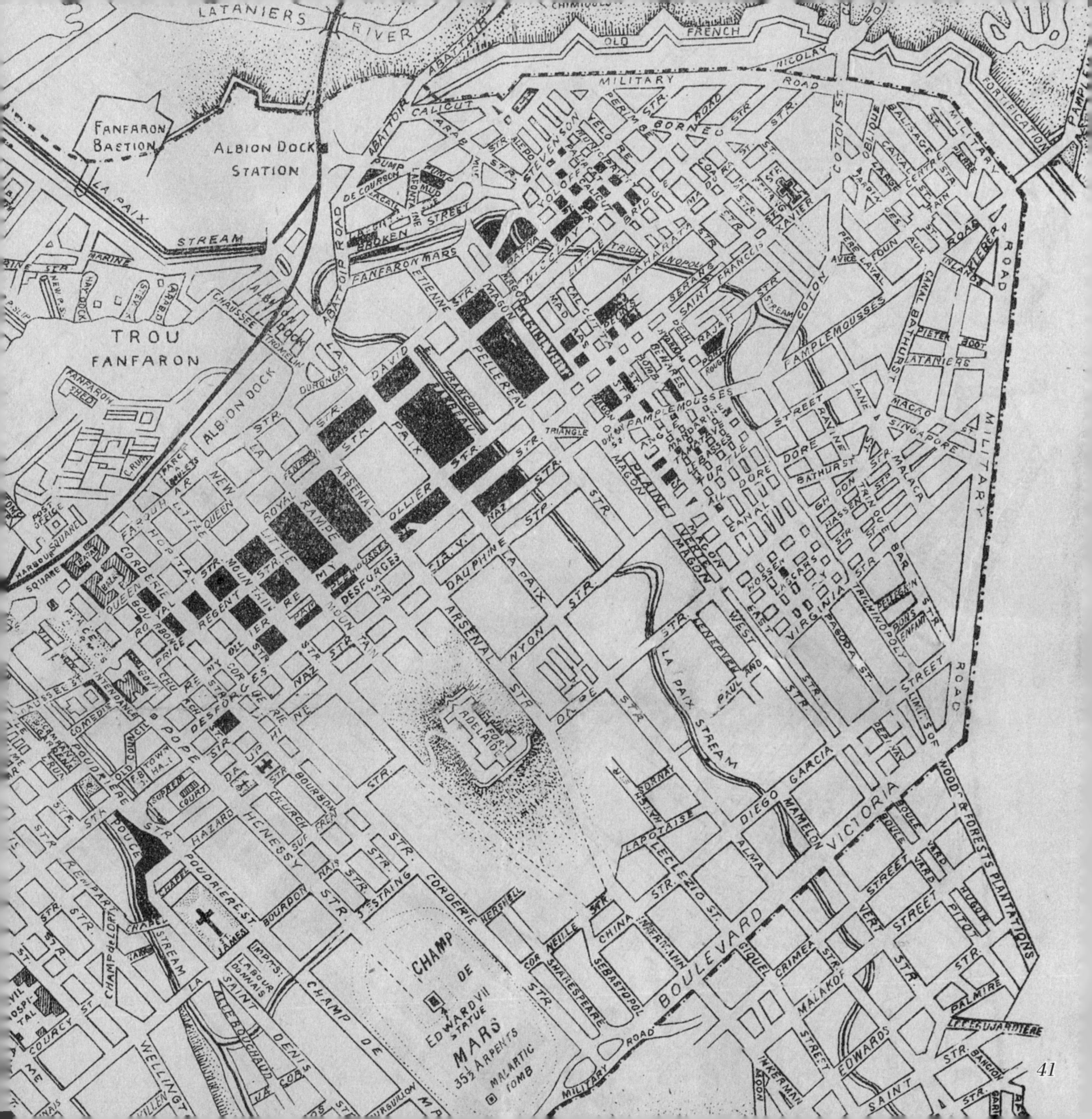
LATANIERS
RIVER
OLD FRENCH
NICOLAY
MILITARY ROAD
FORTIFICATION
FANFARON BASTION
ALBION DOCK STATION
LA PAIX
STREAM
MARINE
TROU FANFARON
FANFARON SHED
ALBION DOCK
CHAUSSEE
TROMELIN
ABATTOIR ROAD
CALICUT
ARAB
PUMP
DE COURSON
BROKEN
STREET
FANFARON
MARS
ETIENNE
MAGON
PELLEREAU
DAVID
FRANCOIS
PAIX
ARSENAL
OLLIER
RAMPE
ROYAL
LITTLE
QUEEN
NEW
FARQUHAR
HOPITAL
CORDERIE
POST OFFICE
SQUARE
HARBOUR
PLACE
INTENDANCE
COMEDIE
COUNCIL
POPE HENESSY
DESFORGES
BOURBON
CHURCH
HAZARD
SUPREME COURT
POUDRIERE
DAUPHINE
NYON
MONTAGNE
REGENT
BOURBONNAIS
PRINCE
LA PAIX STREAM
FORT ADELAIDE
TRIANGLE
PAMPLEMOUSSES
MAHARATTE
SAINT FRANCOIS
COTON
COTON ST.
SAINT FRANCOIS XAVIER
BATHURST
CANAL
LATANIERS
MACAO
SINGAPORE
MALACA
DORE
RAVINE
LANE
STREET
MILITARY ROAD
VIRGINIA
PAGODA ST.
TRICHINOPOLY
WEST
EAST
LASCARS
HOSSEN
PLAINE VERTE
PAUL AND VIRGINIE
DIEGO GARCIA
MAMELON
VICTORIA
BOULEVARD
WOODS & FORESTS PLANTATIONS
LAPOTAISE
LECLEZIO ST.
ALMA
CRIMEA
MALAKOF
INKERMAN
EDWARDS
SAINT
PALMIRE
SEBASTOPOL
SHAKESPEARE
CORNEILLE
CHINA
HERSHELL
CORDERIE STR.
CHAMP DE MARS
EDWARD VII STATUE
35½ ARPENTS
MALARTIC TOMB
LABOURDONNAIS
SAINT DENIS
ALLEE BOUCHAUD
WELLINGTON
COURCY
HOSPITAL
CHAMP de LORT
POUDRIERE ST.
REMPART
STREAM
CHAPEL
JAMES
MILITARY ROAD

下图：路易港海关

右图：港口1860-1892

唐人街逐渐在以Rémy Ollier Street，Etienne Pellereau Street，David Street 以及 Jummah 清真寺为边界的矩形区域内发展起来。得益于其临近港口、海关的地理优势，商户们能够以最低的成本、最快捷的方式将从中国、新加坡运来的商品由码头转运至商店。

福建人聚居区
广东人聚居区
客家人聚居区

1. Hahime 仓库
2. 陈氏宗祠（Chan cha）
3. 古城会馆（Pagode Law Kwan Thion）
4. Chin Ton 商店
5. 仁和会馆（Heen Foh Society）
6. 商店总汇（Les Galeries Réunies）
7. 源隆号（Ng Cheng Hin store）
8. 瑞祥号（Venpin shop）
9. 中央市场（Central market）

旁页：港口
图中背景可见白色建筑为原东方酒店（Oriental Hotel）

唐人街的格局与毛里求斯华人移民史紧密相连。

首批福建移民在通往路易港北部的Royal Road，La Paix Street部分区域定居。

随后到来的广东人也在Royal Road开设餐馆、药房、香料以及古董商店，并将活动范围延伸至Emmanuel Anquetil Street、Arsenal Street 和La Paix Street 等地。

最晚抵达的客家人定居在Royal Road，Emmanuel Anquetil Street和Bourbon Street 一带，以及La Reine Street，Dr Joseph Rivi è re Street 以及 La Corderie Street等地。

（上图为20世纪初定居分布图）

不同乡籍间的分布格局是否有意而为难以考证，但它在客观上有利于维护首都地区华人族群的稳定。

1850年起，洪水、霍乱、黄热、天花等自然灾害和传染病在路易港肆虐，白人和上层社会纷纷逃离路易港，迁至

地势更高的鸠比（Curepipe）等地，这为华商向路易港市中心迁移发展提供了机遇。此外，1893年，Ville Blanche发生多起火灾，几乎摧毁la Chaussée地区全部生意。

然而，华商进入路易港市中心后，并未改变这里殖民时期的建筑风格。一方面，中国人没有产权——除非入籍，但他们多数表示拒绝。另一方面，他们认为有朝一日终将返回中国，不会在此久留。

路易港唐人街的独特之处在于它不是一个局限于华人的封闭区域。在中国商户、餐馆、寺庙旁边，还有众多其他族裔、宗教信仰的人经商居住。毛岛最大的清真寺Jummah就坐落在Royal Road，紧邻唐人街。

除个别寺庙外，唐人街中式建筑并不多，只有中国面孔、中国商品和随处可见的中文招牌告诉你，这里是唐人街。

上图：20世纪初的Royal Road街景以及Jummah清真寺

旁页：Royal Road另一侧街景

第48页图：1960年前后Bazar主路上的一场拍卖

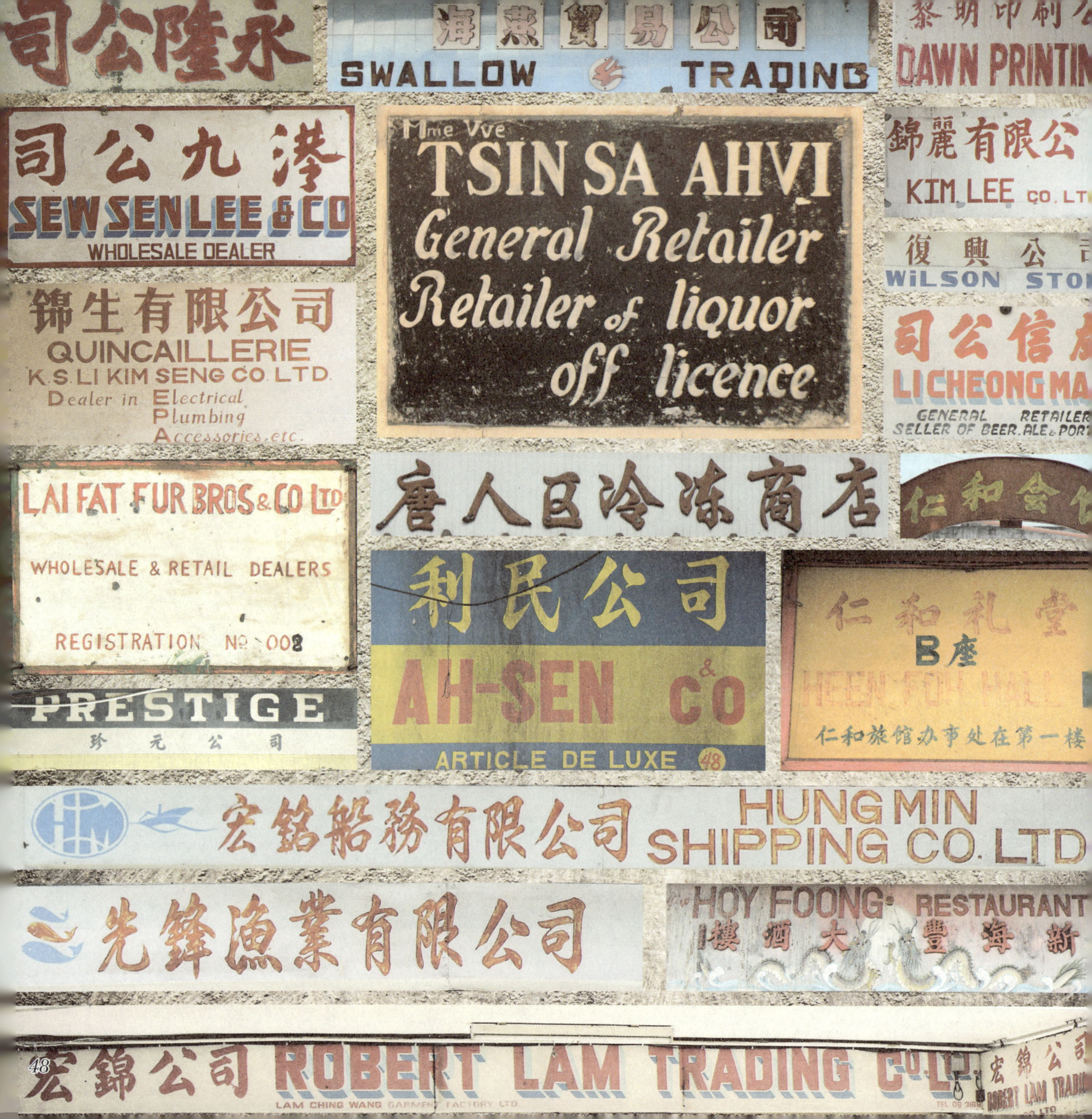

永隆公司
海燕貿易公司
SWALLOW TRADING
DAWN PRINTIN
SEW SEN LEE & CO
WHOLESALE DEALER
锦生有限公司
QUINCAILLERIE
K.S.LI KIM SENG CO.LTD.
Dealer in Electrical
Plumbing
Accessories.etc.
Mme Vve
TSIN SA AHVI
General Retailer
Retailer of liquor
off licence
錦麗有限公
KIM LEE CO. LT
復興公
WILSON STO
LI CHEONG MA
GENERAL RETAILER
SELLER OF BEER.ALE & POR
LAI FAT FUR BROS & CO LTD
WHOLESALE & RETAIL DEALERS
REGISTRATION No 002
唐人区冷冻商店
利民公司
AH-SEN & Co
ARTICLE DE LUXE 48
仁和礼堂
B座
仁和旅馆办事处在第一楼
PRESTIGE
珍元公司
宏銘船務有限公司
HUNG MIN
SHIPPING CO. LTD
先鋒漁業有限公司
HOY FOONG RESTAURANT
新海豐大酒樓
宏錦公司 ROBERT LAM TRADING Co. LTD.
LAM CHING WANG GARMENT FACTORY LTD.

TELEPHONE

唐人街的两个牌楼

如今，由路易港友城广东省佛山市捐赠的两个牌楼分别矗立在唐人街的南北入口，毗邻Plaine Verte和Arab Textile Corner街区。2006年起，唐人街的一部分被划入阿普拉瓦西·加特（Apravasi Ghat）印度契约劳工登岛遗址保护区。2012年7月12日，该遗址被联合国教科文组织列入世界文化遗产名录。根据官方数据，唐人街总面积135 750 m^2，约合32英亩。

左图：水彩画，Royal Road和孙中山路交汇处街景
Florent Beusse绘

上图：水彩画，南牌楼，位于Royal Road
Florent Beusse绘

2 中国商店

中国商店在19世纪大量契约劳工来毛的背景下不断发展。

为了满足不断增长的商品需求，中国商人将商店开到了全岛的每一个角落，从城市到乡村，从山区到平原，甚至包括罗德里格斯岛，形成一个覆盖全国的巨大网络。

中国商店（laboutik sinoi，毛里求斯克里奥尔语）由此在国家经济社会生活中发挥重要作用。

20世纪60年代中国商店内景

les Vins de
LOUIS BERT & Cie

中国商店外观都差不多：木质盖板房，陈列商品的主屋朝街。

楼上或门店后方是店主和伙计的住处，也常常兼作仓库。店里大部分商品放在货架上，大米、风干蔬菜等则直接放在原装袋子或木箱子里，堆在柜台前面。柜台是商店最核心的部分，上面放着必不可少的秤。

童年记忆

那时我们个头还没柜台高，但中国商店里那些琳琅满目的商品对于我们就是全世界：装米的布袋、装油的大铁桶、小捆的木麻黄、装满糖果的玻璃罐子、放油炸虾片和其他零食的铁盒，当然还有秤和算盘！我们兴奋地竖起耳朵听老板和老板娘交谈，企图听懂只言片语。只是他们讲的都是中国话！等来了客人，他们又会用滑稽的口音讲起克里奥尔语。

还是孩子的我们总喜欢目不转睛地盯着摆满货物的玻璃柜台：塑料口哨、水果味橡皮、做风筝用的彩纸、花花绿绿的彩票，那些宝贝让我们心驰神往，总盘算着下一次生日什么时候到来。柜台的一角摆放着旁氏护肤霜、古龙水一类的奢侈品，它们都有一个超凡脱俗的名字：啄木鸟、蓝丝带、3F、Rolo、薰衣草等等。

每当我们走进商店，嗅觉就变得异常灵敏：印度鱼干和腌鳕鱼的海味儿混合着米面的香气，还有铁桶里的汽油味儿在空气中弥漫。老板忙着准备我们要买的东西时，常常会给我们塞点小零嘴，比如麻圆、蛋糕或者是甜饼干，这简直就是一场味蕾的狂欢！最后结账也是令人惊叹的时刻，顾客赶时间买点零碎商品时，老板不出几秒就能算出总价，不由让人暗自叫绝；买的东西多，就要用到算盘，老板手指在算盘上噼里啪啦上下飞舞，看得我们目瞪口呆。总之，每周六，我们都盼着去中国商店，这是无与伦比的幸福时光。

村里的老商店

左图：水彩画，位于Grand Bel Air的中国商店正面
Florent Beusse绘

右图："酒鬼"自行车老柜台

不论在城市还是农村，中国商店迅速成为人们聚会的场所。有的到商店门口来杯饮料解解渴，有的在下班后，来这里啜一口朗姆酒（约50毫升），或单纯地乘乘凉，消除一天的疲惫。

有时候，商店老板也会参与讨论，或耐心地听客人们唠叨各自的家长里短。

大部分中国商店都以老板的名字命名，但有的也以谑称而闻名的，比如胖哥商店，老高商店，但人们还是毕恭毕敬地把老板称为胖先生、高先生。很快，其他更形象的商店名称诞生了，比如三臂商店、现代商店、名望商店、信心商店、大众商店、熊猫商店……

在长达一个多世纪的时间里，中国商店给毛里求斯人提供了大量帮助：允许顾客赊账；为创业者出谋划策；为手工作坊提供资金支持，助其出售产品；还时常为穷人提供衣食。中国商店甚至

扮演着村委会的角色，直至官方村委会成立。

2005年，一篇赞扬中国商店文章写道：“如果没有中国商店提供赊账服务，一桩婚事就无法操办。即使店主知道很多新婚夫妇在第一个孩子出生后也无力还债，却依然有求必应。”

罗德里格斯岛商店主

三六九等

后来的大部分中国移民依靠已在此定居亲属来到这里，亲属帮着掏路费，日后再通过干一两年“学徒”、“伙计”等底层工作来偿还这笔费用。“学徒”一般是青少年，负责家务、帮厨、打杂等不太吃香的工作。

“伙计”则多为成年人，负责分装货物、制作纸漏斗以及打扫柜台和铜秤。他们利用业余时间学习最简单的本地话。他们通常住在商店或唐人街的同乡会馆内。

伙计升格为“老伙计”，便成了老板的得力助手。他有权订购货物，分发工资，管理客人账户和仓库，负责所有行政文件以及执照更新等。当老板出国，尤其去中国，几个月不在国内时，便通过公证将商店经营权暂时委托给他。“老伙计”往往是老板信得过的家人或者密友。

该行业的最高层就是商人或老板，这是所有移民的梦想，尽管大多数人都是白手起家。老板可同其他商人（往往是同乡）展开合作，开设新商店或投资其他活动。成功的巅峰是步入“大批发商”阶层，但对大多数人来说，这只是个难以企及的梦想。

然而一部分中国商人却成功进入“大批发商”阶层，实现梦想。1901年，五家华人商号Ah-Koon et Cie，Atoye，Chan Kaw，Atchin et Co.，Venpin et Co. 跻身全岛87个大商家之列。到1930年，华人“大批发商”数量增至22个。

中国商店的组织分工明确且具有家庭式特征。男人负责管理账目、与批发商交易、员工招聘、客户关系以及和其他华人社团成员联络；女人则主要服务客人，料理家务以及其他店内杂务，照顾小孩。一般来说一个家庭有很多孩子，怀孕期间，仍会在店里待上14个小时，直到分娩。在接生婆的帮助下，老板娘在商店后方狭窄的私密空间诞下婴儿。中国女人们不知疲倦，在柜台后，在家庭中，从事着繁重的工作和劳动。

有的妇女将晚上和孩子睡觉的小屋改造成一个简单的裁缝铺，每天从凌晨开始加工旗袍。1950年前后，加工12件旗袍也只能赚到1.25卢比，这便是她们每天唯一的收入。

1960年前后的小商店

Gaston Chung Ming Kan和他的夫人

恩光号
ERNEST
STORE

一个伙计的回忆

刚来毛岛的时候，我跟商店老板学习克里奥尔语。他教我用中文标注所有最基本单词的读音：东西、数字、当地货币以及个别日常用语。至于俚语、俗语等，则是在和客人打交道过程中逐渐学习的。我也与印裔顾客用旁遮普语交流。白天我卖力干活，尽量不说得罪人的话。

关门以后，我开始做大扫除，把瓶瓶罐罐上的灰尘都掸掸干净，码货架，刨好做蛋糕用的椰丝，做麦芽糖，然后花几个小时准备小纸漏斗。完成所有工作后，我才可以倚着柜台迷瞪几个小时，因为次日清早，我还得给工人发面包。

即使没有吉他手或是歌手，本地小酒馆在晚上依然热闹非凡。不少客人曾在埃及打过仗的，酒过三巡就哼唱起从埃及学来的曲子。每到周末，音乐爱好者们喝着小酒，听着小曲，好不惬意。

男人们在酒吧里灯红酒绿，家里人也并非全然没有意见。有时候男人喝个烂醉，老婆直接让孩子去酒馆找父亲，担心他迷路或掉进阴沟而受伤。周末，不少女人甚至堵在酒馆门口，从男人手上抢下几个子儿，以免家人挨饿。

右图：朗姆酒瓶

左图：思光号

红账本

小红账本

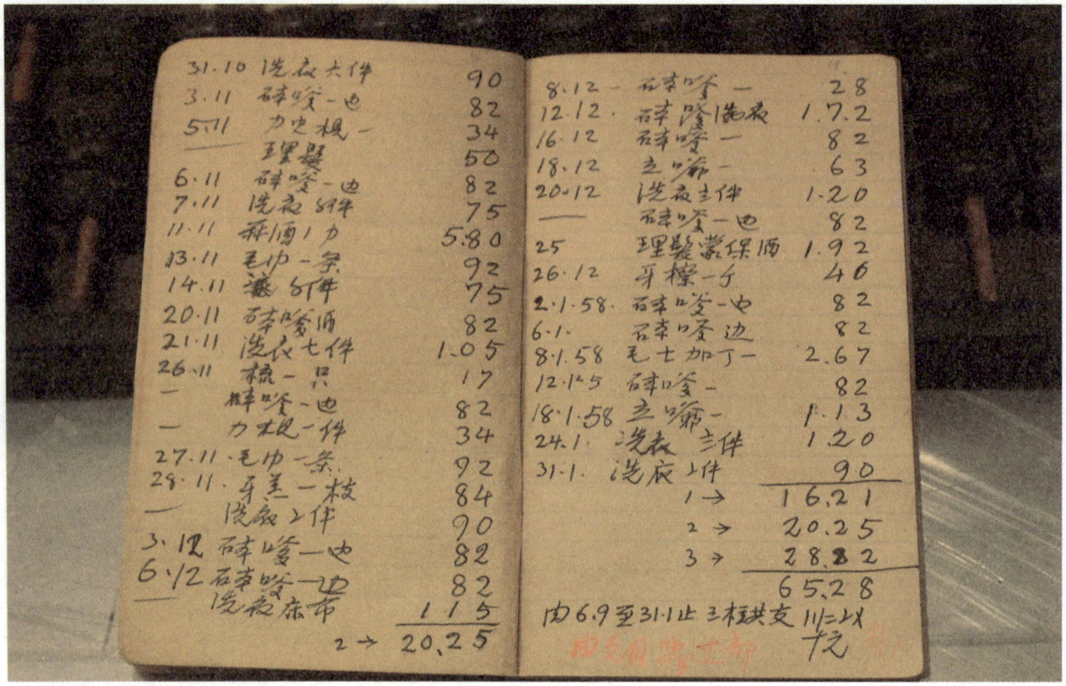

客家人内部非常团结，他们共享人脉关系、财物资源，将商店开到甘蔗田、偏远乡村，为工人、手工业者、渔民提供基本生活品。中国商店很快成为岛上居民生活的“神经中枢”。

最初起源于唐人街的赊账销售迅速在农村普及。这种完全基于信任的借贷模式也在短时间内改变了人们的生活方式。尽管生活拮据，工人们终于可以吃饱穿暖了。有时人们还会以货易货，用蔬菜、禽蛋来交换食用油、面粉、大米以及灯油等生活必需品。客人一般在农闲季节赊账，待甘蔗丰收，拿到工资后再来偿还，一个“滚动”的支付模式就此形成。

一种被称为“红账本”的商店账本应运而生。小本中记录着毛岛家庭每周、每月在中国商店里的赊欠款项。这种赊账模式持续到上世纪八十年代末。每个家庭都有一个“户头”，每周六或每月底一结。商店老板也可以从进货的批发商那里享受这种“滚动”支付模式，一般可赊四笔账。

几十年间，全岛除了路易港外，中国商店是毛岛民众采购地的唯一去处。

中国算盘

算盘是中国商店中必不可少的算术工具。每一列代表一个计数单位，从右到左分别为个位、十位、百位等等。横梁下方的五个算珠每个代表一个单位，横梁上方的两颗算珠每个代表五个单位。最终只取靠近横梁的算珠读数。

按列读数，下图所示数字为6 302 715 408

旁页：百富堂商店内景

采购日

每周六是中国商店采购日，也是很多家庭结账的日子。

人们采购的都是基本日用品：肥皂、几公斤大米、面粉、食用油（通常以250毫升为出售单位）以及灯油。

客人们还会购买Bois Chéri 或Corson牌茶叶，几盒火柴，一两个油浸沙丁鱼或“Glenryck”茄汁三文鱼罐头，还有必不可少的Blue Band牌人造奶油，用来涂抹糕点。

卡夫牌奶酪，红羽毛牌黄油以及铁盒装的皇家牌牛肉罐头都被认为是奢侈之物，只用于特殊场合。不过，商店老板会把卡夫牌奶酪切片出售，五分钱一片，一盒奶酪一般能切出四十多片。

当时，客人们也可以花三分钱买一块自制面包，或四分钱买点油浸沙丁鱼配醋渍小辣椒。

客人口渴了，便可就着商店吧台的水龙头灌上几口，而生活宽裕些的客人则会买一瓶Merven牌柠檬水。商店里的香烟论根卖，客人可直接用柜台一角油灯上的火苗点烟。

NO SMOKING

中国商店早上七点开门，一直营业到晚上七八点。但是商店老板常常冒着被警察罚款的风险，应客人要求延长营业时间。

清晨六点钟起，买面包的客人陆续前来，老板通过商店的窗户把面包递给他们。而晚上即使已经过了营业时间，还是有客人在柜台边或商店一侧的吧台喝着朗姆酒或红酒。

店主的工作非常辛苦，白天站了12小时，晚上还得接着准备次日的货品，比如把咸鱼切成段，用米粉和干辣椒混合制成的糨糊将旧报纸、水泥袋粘成不同大小的纸漏斗，里面的辣椒有驱赶蟑螂的功效。

这些纸漏斗或者袋子用来装小份的孜然、茴香、西米、大麦、罗勒籽、亚麻籽、藏红花、咖喱粉、淀粉、辣椒粉、丁

Surinam地区的商店老板娘

香或者肉桂。大号的则用来盛大米、面粉，以及扁豆、木豆、大豆、玉米等干货。

商店关门以后，还会留一个隔着横档的小窗，方便给有急需的客人提供货品。

60年代，中国商店在一个地区通常最早拥有电视、电话、甚至汽车。商店老板会与店里的老主顾分享这些“奢侈品”。在遭遇去世、生病或失业等重大打击时，他们常常会向中国商店求助。

如今，中国商店遍布毛岛的时代已经过去，它们因各种原因无人继承而逐渐消失。社会不断发展，商店老板们的后代都成了会计、律师、医生、工程师或计算机专家，在城里定居。

他们中的很多人甚至离开毛岛，定居他乡，寻求更美好的生活。随后，超市和大型仓储超市的出现改变了商品供销模式。

面对超市的竞争，一些坚持经营的中国商店似已失去存在的意义。然而，对中国商店的记忆却已经深刻在毛岛民众心里，成为毛里求斯重要的社会文化遗产。

左下图：用报纸和自制糨糊做纸漏斗

右下图：商店小窗

3 经济发动机

中国移民为毛岛的零售业带来革命性变化，也通过多元化的经营为国家经济发展注入强大活力。

更多的小型企业开始在唐人街出现，逐渐遍布全岛，并拓展至马斯克林群岛、留尼旺和马达加斯加。

1932年的 Au Bazar Central 商店，
1952年发展成为Chue Wing & Co. 公司。

NAZROO
BAZAR
CENTRAL

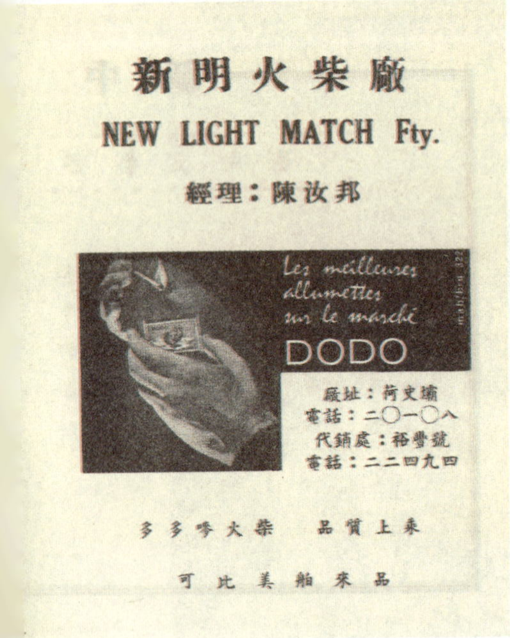

新华中学杂志刊登广告节选

小型企业的摇篮

通过进口日用品发家致富之后，部分中国商人投身制造业。

生产朗姆酒是当时备受青睐的一个选项。1876年，广东人Athonne在庞普勒穆斯地区开设毛岛首家合法酒厂。很快，客家商人也分别在弗拉克和黑河地区开设北京酒厂和Ha Kin酒厂。1880年，11位客家商人联合创立的北京酿酒公司是毛首家客家制造企业。

酿酒厂除了朗姆酒外，还生产葡萄酒。19世纪末，华人Lai Wan Chut 首先从塞浦路斯和南非进口葡萄，生产葡萄酒。创立于1927年的中央酒厂最初计划用香蕉和木瓜取代苹果制造果酒，降低生产成本，但最终转为生产葡萄酒，并于1935年和1936年先后推出Good Luck和Le Cloche两个品牌，备受消费者喜爱，成为另一老牌酒商Oxenham出品的Eureka葡萄酒的有力竞争对手。此后，吴国发（Ahlo）,林钦登（Lim Fat）,黎承干（Lai Chin Kon），温少志（Wan Min Kee）、Chong Kwan 等华人也开始酿造红酒。

华人Lee Shim创办了白兰地酒厂，1936年吴德财（Ng Take Choi）创办的酒厂拥有55个葡萄酒和啤酒品牌。

1948年，Lai Wan Chut开设糖果饼干厂，其生产的小黄油（Petit Beurre）和船舱牌（Cabine）甜点很快进入毛岛千家万户。

1874年前后，中国商人开始加入卷烟制造业，成立了Affoo Brothers & Co. 和Chousiom & Co.两家卷烟厂。Venpin、Ng Cheng Hin、Chan Lai、 Sim Yan、Chan Tin、Ng Cheong 等其他华人家族逐渐进入本地卷烟市场，推出了蒙可可牌（Mon Coco）、理想牌（Ideal）、摩托车牌（Motocyclette）、狮子牌（Lion）、鸽子牌（Pigeon）、太阳牌（Soleil）、蝉牌（La Cigale）、鸵鸟牌（Ostrich）等品牌的香烟。

成立于1923年的 Leong Shin Chun 公司从1931年起实现机械化生产，并推出欧洲（Euro）、观察者（Observatoire）、足球（Football）、红圈（Cercle Rouge）、

堡垒（Fortress）、皇家（Royal）、小男孩（Ti Gamin）等品牌的圆盒香烟。毛当地卷烟制造业长期由华人企业垄断。直至1931年，世界烟草巨头——英美烟草公司进入毛里求斯，宣告华人小卷烟厂的末日。

华人在火柴和肥皂制造方面也走在前列，两大领域分别以Chan Pong家族和Wong You Chong家族为代表。

随后，Savonnerie de Belle-Rose 和 Lising 肥皂厂相继出现，生产出广受岛上洗衣工人喜爱的蓝钟（Blue Bell）牌小蓝块洗衣皂。

上图：香烟商标

左图：著名的小蓝块

1910年的源隆号商场

19世纪末期，客家人开始进军制鞋业。华人企业源隆号（Ng Cheng Hin）凭借深受英国当局喜爱的优质产品很快大获成功。1910年，该公司在Royal Road 19号开设大型商场，销售葡萄酒、烟草、鞋帽等大众商品以及从中国、欧洲进口的瓷器、香水等奢侈品，店员用流利的英、法语同顾客交流。源隆号很快获得良好的社会声誉，并成为Adam & Co.公司的海运代理商，为所有中国移民提供服务。

华人吴韵琴（Ng Chung Hin）

吴韵琴于1884年来到毛里求斯。1888年他的兄长Ng Cheng Hin决定返回中国，将其创立的商场转手给吴韵琴。

这家商场沿用了Ng Cheng Hin作为西文店名，在吴韵琴的经营下很快获得良好商誉。

此后，吴韵琴开始从事卷烟、高端皮鞋制造等产业。作为一位杰出商人，他在华人族群中发挥了重要作用。很多来路易港进货的华人商贩在商场落脚，不少乘坐Adam & Co公司轮船来到毛岛的新中国移民和商人在此临时居住。1910年前后，吴韵琴开始在商场内安装印刷机，印刷中文报纸，帮助看不懂当地报刊的中国人随时了解国内局势。

吴韵琴为人正直慷慨，经常受同乡之托，在其回国探亲期间代为照管生意。

他热衷于弘扬中国传统文化和价值理念，是新华中学三大创始人之一。创立于1912年的新华中学是毛岛第一所中文学校。

吴韵琴于1943年8月逝世，享年82岁。

华人吴韵琴（Ng Chung Hin）

当时另一家著名商号Ng Cheong成立于1910年，位于Royal Road 16号，因商品种类丰富、价廉物美而成为唐人街上最受欢迎的商场之一。1903年，Ng Cheong加入英国国籍，并和商人Ng Yeelim在位于Tourraine Street和 Ramp Street两条街交界处购得一块土地。

其他的客家商号，包括友信公司（Li Sing & Co.）、Lee Shim，陈怡堂（Yip Tong）以及李允保（Li Wan Po）落户在Royal Road南部及其他附近街道。

为在当地购买土地，获得银行贷款，古文彬（Acyokoo Venpin）等部分商人选择入籍归化。

路易港商户　1860-1892年

最早的医生

尽管大多数第一代来毛移民成为商人或企业家，但也有人选择学术道路，比如Atcham医生（左图）。1875年，他出生于毛里求斯，是19世纪末毛岛第一位华人医生。

生于1906年的Maxime Shun-Shin则是首位获得英国奖学金的毛里求斯华裔。他在伦敦大学学院攻读医学后赴中国执业，随后回到毛里求斯公立医院，工作至1966年。他杰出的手术能力以及精确的诊断在毛岛广受赞誉 。

李允保

1895年，李允保的父亲李润兴来到毛里求斯，在贝隆（Bel Ombre）地区开设商店。1915年，他决定回到中国，并将生意交给29岁的李允保打理。随后，李允保在路易港Magon Street开设商店，几年后在La Reine Street 开设第二家。李允保生意越做越大，1948年成立永生号（Li Wan Po & Co.），主营饼干、糖果、酒类等高档食品的进口与销售。

李共有16个孩子（3个女儿，13个儿子，包括一个养子）。由于他本人既不懂英文也不懂法文，因此特别重视子女教育，尽可能把儿子送去国外留学。一个儿子专攻药物学，成为英国的大学教授，一个成为会计，另外四个成为医生。Michel，Ahvee 和Jacques等三个儿子在李1972年去世后接管了家族企业。

1978年，永生号决定扩大经营范围，收购罐头食品公司Food Canners，Jacques出任总经理。

李允保为人刚直不阿，广受赞誉。常常接济其他处境不济的商人。他总是帮别人出谋划策，并时常提醒年轻人为华人群体争光。

李允保于1972年去世。

李允保

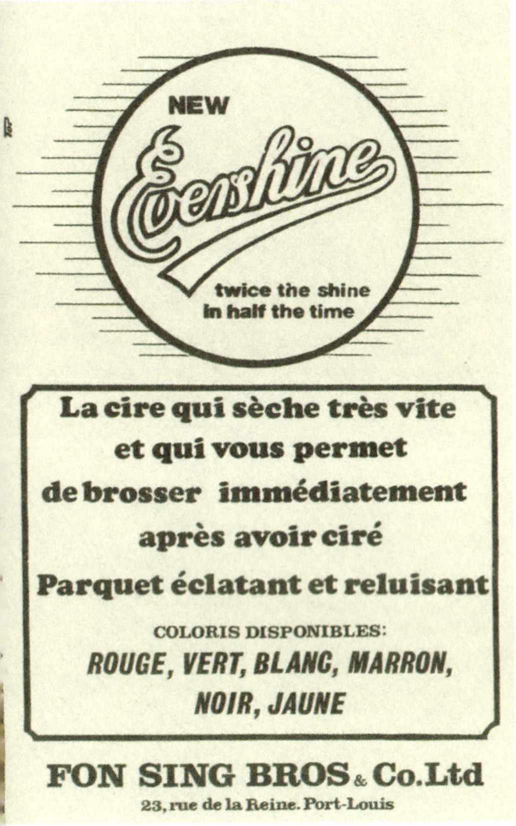

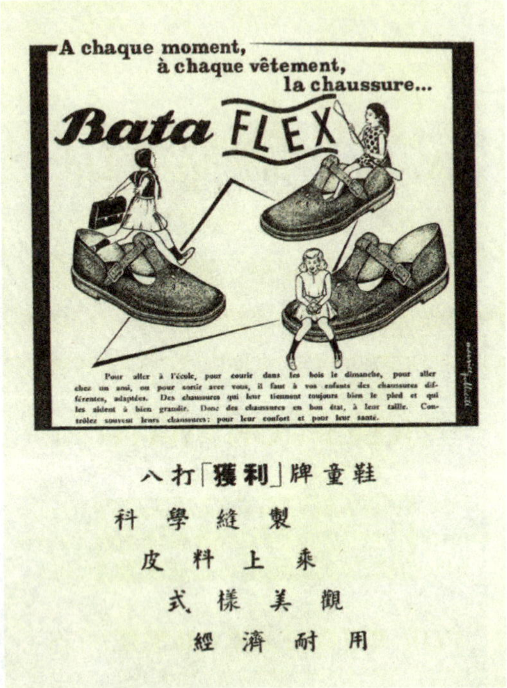

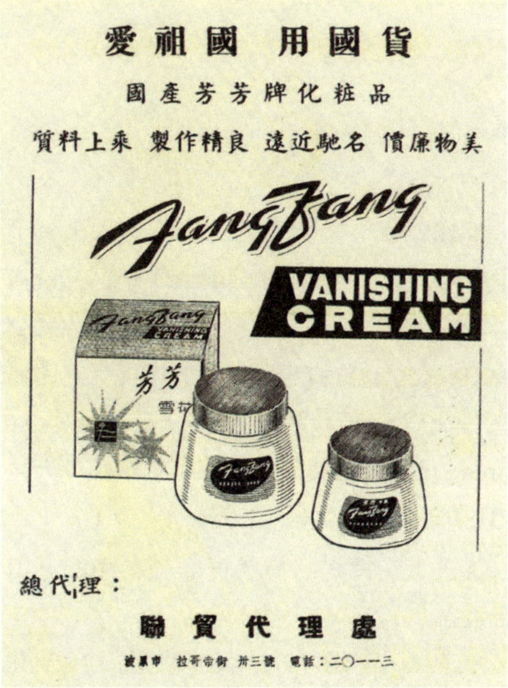

上图：新华中学杂志上刊登的广告

右图：Serge Lebrasse和R.Augustin的黑胶唱片

二战前夕，有相当一批华人家族企业在毛里求斯繁荣起来，这些家族创立的中小企业主营业务广泛，包括地板蜡、蜡烛、意大利通心粉等。

在烘焙行业，有150余家小型手工作坊向国内各个商店供应面包。但是，战后几年间面包生产实现机械化，华人小型手工作坊店遭遇重挫。

二战期间，唐人街在毛里求斯工业化初期发挥重要作用，大大缓解了日常消费品的短缺。例如，1945年，吴桃兴（Ng Thow Hing）家族成为Bata品牌鞋子在毛里求斯的首批销售代理商，并从英国人那里获得大笔订单，向英军供应鞋靴。

1954年6月，Hwa Keong橡胶制造公司在Cassis地区Réserve Street建立帆布鞋厂，全厂共300名员工，日产量高达三千双。Eting Tien先生和Edouard Yee Cheong先生分别是工厂经理和厂长，后者在藤制家具行业小有名气。

尽管二战后多数到毛里求斯定居的华

人仍然经商，但其经营范围不断拓宽，制衣、制鞋、建筑业、家具制造，甚至还包括黑胶唱片或密纹唱片生产，这推动了当地的塞卡歌曲在各家各户普及开来。

华商总会：华人的良师益友

李氏家族在华商总会大楼前

参照1906年建立的上海总商会模式，毛里求斯华商总会（Chinese Chamber of Commerce）于1908年12月正式成立，成为中国海外第二家同类商会。商会为唐人街的发展注入强心针，给毛里求斯华人族群提供有力保障。虽然19世纪毛里求斯比中国生活条件更加优越，但这些首批华人移民为了在此安家立命，依然面临许多困难。

华商们决定成立华商总会正是为了维护华人企业利益。多数华人移民都不太会讲英语或克里奥尔语，华商总会（也叫华商公所会）便成为华商与英国当局的中间人，帮助他们对外沟通、了解英国法律和零售业相关规定。商会还向他们发放入境证明并记录每个家族族长的姓名、年龄、出生地、职业、来毛日期及其家眷的姓名、数量、性别等信息。

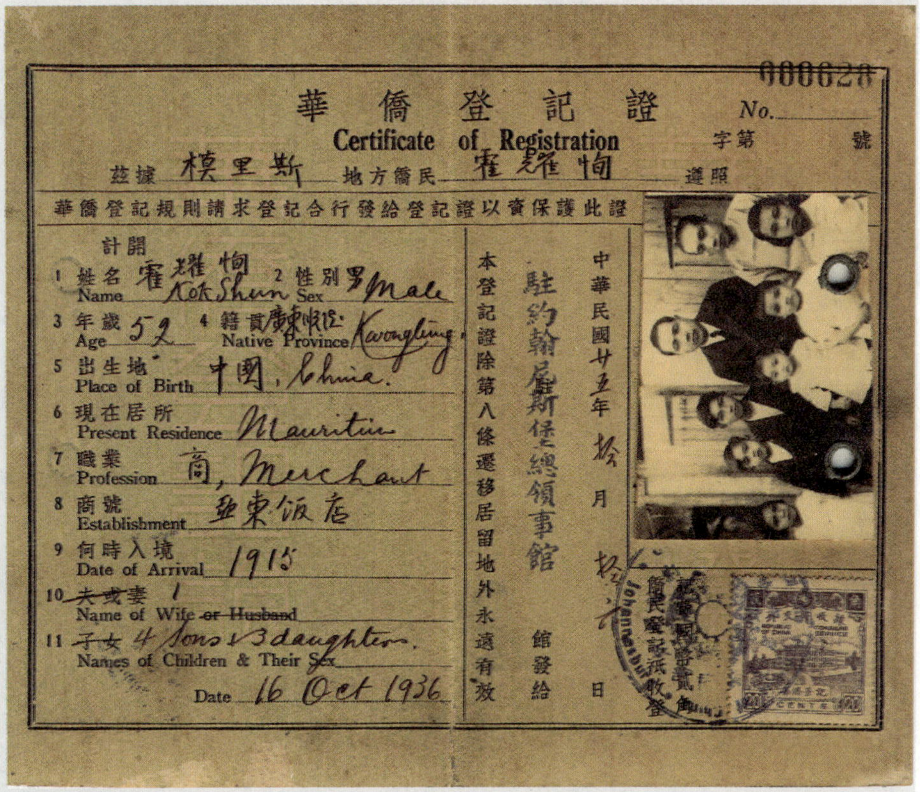
華僑登記證
Certificate of Registration
No. 000628
字第　號
茲據 模里斯 地方僑民 霍耀恂 遵照
華僑登記規則請求登記合行發給登記證以資保護此證
計開
1 姓名 Name 霍耀恂 Kok Shun　2 性別 Sex 男 Male
3 年歲 Age 52　4 籍貫 Native Province 廣東順德 Kwongtung
5 出生地 Place of Birth 中國, China
6 現在居所 Present Residence Mauritius
7 職業 Profession 商, Merchant
8 商號 Establishment 亞東飯店
9 何時入境 Date of Arrival 1915
10 夫或妻 Name of Wife or Husband 1
11 子女 Names of Children & Their Sex 4 Sons & 3 daughters
Date 16 Oct 1936
本登記證除第八條遷移居留地外永遠有效
駐約翰尼斯堡總領事館 館發給
中華民國廿五年 拾 月 拾 日

Chambre de Commerce Chinoise
№ 000955 "VA SNG KWONG SOW"
DROIT D'ADMISSION CINQ ROUPIES
M. Ah Soon
Cinq Roupies

上图：华侨登记证

下图：朱为勋（Ah Soon）的华商总会会员证

朱梅麟（Jean Ah Chuen）在华商总会留影

华商总会的创始人员

A.VENPIN
AG KONG
AH KOON
AH MUN CHAN POW
CHAN CHO KIT
CHAN KAN
CHAN KUN TACK CHEONG
CHAN KWONG
CHAN LO
CHAN MAN
CHAN SAM FOOY CHENG
CHIT CHON
CHUNG FEE SUE
FOK SEANG
FOO CHUNG
HA YEUNG
JOHN CHUAN
KIAN PO
KWONG CHEONG LONG
KWONG LI
LAWYINYUNG
LEUNG CHAK
LUN LEONG
NG CHANG HIN
SEW NEW HEE
SOON MAN CHANG KYE
TEN SION
THIN PEE CHAN LOY
WAH CHION
WAN SAM
WANG HOO
WONG SAM HING
WONG WING
WONG YAN
YOW YEE NG YE LIM
YUEN YEUN

1945年以前，华商总会扮演了“领事馆”的角色，为毛里求斯华人和中国移民服务，颁发护照、签证等。

1944年，华人族群人数过万，其中包括约4000名女性。由于当时的中国正被日本占领，所以许多中国移民决定在毛里求斯定居，不再回到中国。

20世纪初，华商总会在经济领域发挥重要作用，并逐渐取代了华人族群里“头家”的地位。华商总会对各乡籍群

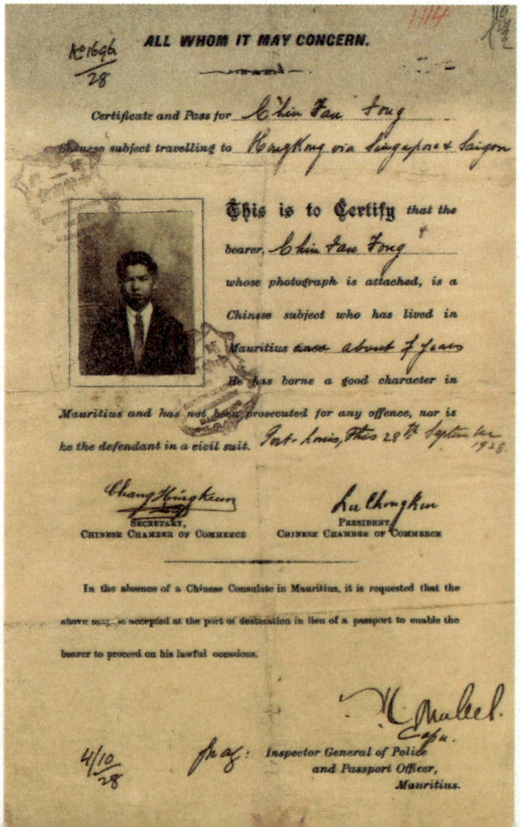
1114

AE1696/28

ALL WHOM IT MAY CONCERN.

Certificate and Pass for Chin Fan Fong

Chinese subject travelling to Hongkong via Singapore & Saigon

This is to Certify that the bearer, Chin Fan Fong whose photograph is attached, is a Chinese subject who has lived in Mauritius since about 7 years

He has borne a good character in Mauritius and has not been prosecuted for any offence, nor is he the defendant in a civil suit. Port-Louis, this 28th September 1928.

Chang Hing Keun
Secretary,
Chinese Chamber of Commerce

Lu Chong Kee
President,
Chinese Chamber of Commerce

In the absence of a Chinese Consulate in Mauritius, it is requested that the above may be accepted at the port of destination in lieu of a passport to enable the bearer to proceed on his lawful occasions.

4/10/28

Inspector General of Police and Passport Officer, Mauritius.

过去移民需要提供的品行证明

体一视同仁，因此所有中国移民都认可它的合法性。每年华商总会都按照轮值原则在客家籍和广东籍会员之中选出会长。通过领导责任共享与团结一致来维护华商利益，不但压制住了不同乡籍群体之间的敌对情绪，也建立起一种团结在同一族群下的归属感。

不幸的是，1993年唐人街的一场大火将华商总会及其所有关于中国移民的档案付之一炬。尽管发生了这样的悲剧，华商总会依然表现活跃，致力于加强与中国的商贸文化交流，后来商会在Jummah清真寺街上得以重建。现在，商会拥有100名会员，并在毛里求斯工商协会董事会中拥有一个永久席位。

在社会关怀方面，1918年以来，商会每年组织向毛里求斯华人族群中的弱势群体赠送礼物。

管少康先生

管少康（Adrien Konfortion）出生于1856年，父亲是一位中国移民，母亲叫Allot。他系源隆号（Ng Chen Hin）的商业经理，并担任华商总会秘书长达29年。

他因脚踏实地、和蔼可亲赢得了族群里年轻人的尊敬和喜爱，被亲切地称为“叔叔”。他通过研究中国和欧洲语言文化，不断推动华人族群融入当地。

他把源隆号的一部分改为图书馆，并自掏腰包从国外进口法语、英语和汉语图书，供贫困学生阅读。

1921年，为便利华人看病，他创建了“中华医院”。

1946年，政府希望任命管少康为立法委员会委员，但他将这个位置让给时任华商总会主席朱梅麟（Jean Ah-Chuen）。管少康先生于1956年逝世。

管少康

背井离乡：离开祖祖辈辈的家园

二战之前，许多华人将挣来的辛苦钱寄回中国，不仅是为了资助留在家乡的亲人们，也是为自己的将来着想：万一他们在毛里求斯无法获得土地财产或者选举权，那么最终还是要回到祖国。

不幸的是，第二次世界大战、日本侵华战争以及此后的国共内战，都彻底击碎了他们的回乡梦。

放学后的华人学生

1949年中华人民共和国成立，这对当地华人族群产生了重要影响。一部分华人满怀爱国热忱，希望回去报效祖国，另一部分则对新政权心存疑虑，从而放弃回国念头，在毛里求斯永久定居下来。

早先，华人家庭愿意把儿子送回中国学习，但战后，他们则把孩子们留在毛里求斯上学，然后再送他们去欧洲完成高等教育。

就这样，华人子女渐渐地开始能说流利的法语、英语和克里奥尔语，而中文却逐渐生疏，并且也逐步放弃了中国国籍，成为英国公民。

与此同时，1946年，英国当局推行“发展与福利十年计划”，让包括华人在内的大批民众享受到国家的社会服务。于是，“会馆”逐渐衰落，华人家庭也改变了依赖宗亲团体的习惯。

20世纪中叶以前，华人参政意愿不强。1947年，一项宪法修正案赋予识字的成年人投票权。于是，朱梅麟（Jean Ah Chuen）被华人族群推选担任保护本群体利益的代表，并于1948年入选立法委员会。1960年，另一条宪法修正案将选举权扩大至任何文化水平的成年人。但是随着1968年独立的临近，许多华人因担心毛里求斯会产生一个由印度裔掌控的政府，举家移民到欧洲、北美及澳大利亚。

朱梅麟爵士

朱梅麟（Jean Moi Lin Ah Chuen）爵士既从政又经商，还担任华人天主教会（Chinese Catholic Mission）负责人，投身于毛里求斯华人族群福祉和进步事业。

1911年，朱梅麟出生于毛里求斯，20岁时就出任Chue Wing & Co.公司管理委员会主席。

不久，他为毛里求斯民众带来了种类丰富的ABC品牌食品，创新才能凸显。

1942年，他被任命为华商总会主席。1948年入选立法委员会，并于1953、1959年再次当选。

他积极为议会少数族群的代表性而奔走，1963年，他作为毛里求斯华人协会代表当选议员，同年不久在“路易港—马里蒂姆”（Port-Louis Maritime）选区以社会民主党（下称“社民党”）党员身份再次当选议员。

在工党-社民党联合执政时期，他被任命为地方政府部长，并一直担任至1976年。

1980年，为了表彰他为国家所做的贡献，伊丽莎白女王二世授予他爵士称号。如今的25卢比纸币上印有他的肖像。1991年，朱梅麟爵士去世。

上图：1963年选举胜利后的朱梅麟

一个新社会阶层的产生

Antoine Seeyave在Happy Village超市开业典礼上向孩子们分发雪糕，Union Flacq地区

20世纪上半叶大量改变了唐人街生活的小型企业，在1950年后实现快速发展。但有部分企业家放弃这种小打小闹的挣钱方式，转而投向新的经济领域。

1968年毛岛独立后，林满登（Lim Fat）教授和José Poncini在Maurice Paturau和Benoit Arouff的大力支持下，推动创立了一个自由经济区，这为以纺织为支柱产业之一的新经济发展提供了跳板。毛里求斯华人与东南亚华人企业商贸联系紧密，进一步推动经济区的成功发展。

70年代，台湾、香港、马来西亚和新加坡的投资者纷至沓来，毛里求斯纺织业得到飞速发展。1971年，来自香港的阙兆忠（René Seeyave）和他的伙伴们创立了Floreal Knitwear针织品公司，并成为毛里求斯纺织行业的龙头大哥。1986年，黎永铮（Louis Lai Fat Fur）和胡水秀（Francois Woo Shing Hai）创立毛里求斯纺织公司（Compagnie Mauricienne de Textile），

Antoine New Seng Seeyave

华商 ANTOINE NEW SENG SEEYAVE

1908年，Antoine Seeyave在马埃堡（Mahebourg）出生，是一名面包师的儿子。他14岁时在路易港的Corner House获得第一份工作，此后他在Lim Heung和Lim How的店里工作，并被派往中国采购商品。一年后，他决定自己创业，开设一家名为Bois Rouge的朗姆酒店铺。待店铺步入正轨，他决定做一些新的尝试。1952年，他购买一个小型冷库，打算与朋友一起做冰淇淋生意，这就是Happy World品牌的由来。五年后，他出任Happy World总经理。

1958年，他在一次文学比赛中获奖，前往巴黎。怀揣着对冷藏业未来发展的充足信心，他于六个月后返回毛里求斯，投身当地进口冷冻产品经营事业。1965年，他的公司在Rémy Ollier Street一栋设有多个大型冷库的三层建筑中正式开业，分销一家日本渔业公司的白鱼、金枪鱼等。次年，他获得了著名的英国冰淇淋品牌Lyons Maid连锁经营权，开始在当地生产该品牌冰淇淋。

1972年，他凭借着非凡的企业家精神和远见卓识，投资Floreal Knitwear公司，投身纺织业；1974年他创立“毛里求斯农场”（Mauritius Farms），生产Carmen牌鸡肉制品；1977年，他通过建立Happy World商城成功进军家电业；1986年，他取得了DHL快递和ICL计算机的代理经营权；次年获得壳牌汽油的代理经营权。

1987年，Antoine Seeyave去世，享年79岁。

并在几年后发展成为本地区最大的服装生产商和出口商。1989年，自由经济区内仅纺织行业就有586家企业、91000名员工。当时，国家刚刚取得独立，大量人口失业，经济濒临崩溃，纺织业的发展为其带来巨大利益。

林满登爵士

（SIR ÉDOUARD LIM FAT）

林满登爵士

右图：Suzy玩具厂获得出口奥斯卡奖，1975年

1921年，林满登出生于Baie du Cap，父亲Voon Lim Fat是一名商店老板。他从小就是一名聪明的学生，还获得了路易港皇家中学的奖学金。二战后，他前往伦敦帝国学院学习并获得化学工程学位。为了遵守对自己的诺言，他回到毛里求斯帮助贫困民众，在农业部任职。

1960年，他获得了另一份奖学金，赴纽卡斯尔大学深造并取得食品工程学位。1963年回毛后，他被任命为位于Réduit的农业学院院长，并参与创建毛里求斯大学，此后成为毛大校长和工业技术学院院长。那段时间，他多次往返于东南亚国家和毛里求斯之间，并萌生了将“设立自贸区”纳入毛里求斯新经济发展战略的想法。他创建了多个制造业企业，比如1970年的Suzy玩具厂、1978年的France Créations以及几年后创建的Emperor、New Unawear、Vogue Fashions 和Broderie Industrielle等企业。

1991年，为表彰其对国家进步的卓越贡献，英国女王授予林满登“骑士”称号。

林满登曾在毛里求斯央行、毛里求斯商业银行、国家经济发展委员会等多个机构任职，施展才华。1992年，他出任毛里求斯自由港管理局首任主席。

林满登爵士于2015年去世，享年93岁。

4 繁华唐人街

唐人街不仅是华人商业中心（那时不计其数的餐馆和娱乐场所日夜不休），也是充满活力的生活区。每逢中国农历里的重要节日以及辛亥革命胜利纪念日，这里都会举办盛大的庆祝活动。

全国第一所华人学校和第一个篮球场都始建于此。唐人街附近有许多中药铺，华文报纸也随处可见。

右图：上岸休假的年轻船员

新华中学

20世纪初，随着越来越多的中国移民定居路易港，吴韵琴、古文彬（Venpin）、黎达夫（Lai Fat Fur）决定建立一所学校，教授客家话和中国传统文化。1912年11月，新华中学（The Chinese Middle School）在Desforges Street（即现在的Sir Seewoosagur Ramgoolam Street）成立。

这所中国海外历史最悠久的教育机构起初只有15名学生。五年后，由于学生数量不断增加，学校搬迁至Des Limites Street 41号（即现在的 Rémy Ollier Street）。这块地皮属于吴韵琴先生（学校创始人之一）。此后，学校课程逐渐丰富，除了学业方面的科目，学校也教授艺术、体育、刺绣、话剧表演、中国舞蹈，每年还举办文学竞赛。

学校在政治和文化上与当时的中国保持紧密联系。日本军队占领中国期间（1937-1945），学校师生对其犯下的暴行十分愤慨，据当时的见证者称，他们踩碎日产餐具，表达与中国人民团结一致的决心。

1933年，新华中学被当时的中国政府侨务委员会所认可，并于1941年成立了学院。

左侧自上往下：古文彬、黎达夫、吴韵琴

"一年之计，莫如树谷；十年之计，莫如树木；终身之计，莫如树人。"

——中国古训

上左图：操场上的一次典礼活动，1940年

上右图：学校大门

左图：女童子军，1944年

1947年，学校拥有100多名学生，39名教师，18个班级。然而50年代后，越来越多的华人父母把子女送到天主教会学校或公立学校读书，希望孩子拿到奖学金到国外留学深造，获得更好的发展前途。

1946至1949年的国共内战对于学校的未来产生了巨大影响。许多华人彻底放弃了回国的想法，让孩子接受更加西式的教育。另一部分坚定的爱国者出于对祖国家乡的眷恋，坚持把子女送往国内学习，也就是北京。

1976年，毛里求斯引入义务教育，给华人学校带来沉重打击。学校被迫改造成幼儿园，仅在周六提供汉语课程。2004年，东方语言课程被纳入了小学教育体制，人们对新华中学再次产生兴趣。

随着中国逐渐成为一个全球经济大国，学校开始设立成人汉语课程。2015年，学校拥有300名学生。

1959年的老师们

学生图书俱乐部

1958年，曾在新华中学任职的教师萧友进（Lew Chin Sin Chan）为推广中华文化与中国文学，教授汉语，创立了学生书店，也叫学生图书俱乐部。当时，华人为了保持与祖籍国联系，专门订阅中国画报。当然，刊物往往在发行后数月才能到达读者手中。在经历了一些初期的困难之后，萧友进对中医药产生了浓厚兴趣，从中国进口各类中医药产品。很快，学生图书俱乐部成为华人聚集场所。

后来，图书俱乐部迁至Joseph Rivière Street的Manning House，俱乐部中收藏着不计其数的中国书籍、报纸杂志和其他物品，还有一些中国音乐学校老师们使用的中国传统乐器。

上图：中国大使参观学生图书俱乐部，1968年3月12日

下图：中国书报展，1970年4月，图中可见一座毛泽东像。

唐人街的律动

从50年代到1968年独立，日益发展壮大的华人族群逐渐适应了毛里求斯的生活，从Nicolay Road延伸至Camp Yoloff的大唐人街地区也不断迸发出生机和活力。

唐人街上的院落和街道处处可见汽车、行人、自行车和手推车，孩子们可以在此进行捉迷藏、赛跑等游戏。老年人则愿意在Royal Road的Chez Mama餐馆里打发时光，这里有美味的汤食、桌式足球、英法流行歌曲自动唱机、播放8毫米影片的点唱机，还有Sylvie Vartan、Claude Francois的音乐片剪辑以及Salut Les Copains等流行音乐节目。

La Rampe Street（今Emmanuel Anquetil Street），La Paix（今Seeneevassen Street）和Arsenal Street（今孙中山街）这几条街上满是餐馆、体育馆、赌场和舞厅，为唐人街的律动增光添彩。

作为华人聚居中心，唐人街一年到头都有精彩的戏剧和音乐会，还有春节、

元宵、中秋等各种节庆活动，现场能看到盛大的舞龙舞狮表演，有人分发蛋糕糖果，擂鼓震天，鞭炮声，热闹非凡。

舞龙游行，路易港

约瑟夫利威尔街的记忆

我的祖父母有18个孩子，部分孩子和他们的家庭居住在约瑟夫利威尔街（Joseph Riviere Street）上一座两层楼高的殖民式大洋房里。洋房共有十间卧室，就像一座迷宫。我一踏进车库，就会有铃声响起，然后狗就开始叫。院子里有一个池塘，池里养着鱼，还有一个鸡窝，我们时常去捡鸡蛋。我的舅妈会杀鸡，她用一把中式菜刀就能给鸡抹脖子、拔毛、切块。

洋房隔壁住着一位印度裔老理发师，他会在一个铁皮小屋里给我剪头发。70年代时他退休后，铁皮小屋被改为街角小店。我常常去那里买Bellboy牌口香糖和大白兔奶糖。由于商店实在太小，一次只能容纳四个顾客，所以店外总是有人排队。

洋房对面是一所颇受欢迎的结婚礼堂，每个月都能听到那里的鞭炮声。这里还有一个篮球场，甲级联赛就在这里举办。那时候，联赛冠军可是被毛里求斯华人给垄断了。每逢比赛之夜，特别是Attila队对阵Real队的时候，这里都会热闹非凡，火爆的气氛会一直持续到深夜，小商小贩和来往车辆在拥挤的人群中寸步难行。小摩的不停地按喇叭，而住户则显得悠然自得，或趴在窗前，或站在门口，看着过往的热闹景象。

到了周末，三姑四舅们就开始打麻将，奶奶则喜欢和朋友们打中国纸牌游戏。

工作日甚至比周末更让人振奋，每天一大早，我会被奶奶养的公鸡叫醒，然后邻居们的公鸡也都跟着打鸣。起床后，我看见穿着白袍、戴着帽子的男人们穿过我们的街区。我表哥告诉我这些人是来自Plaine Verte的穆斯林，他们穿过唐人街去Jummah清真寺祷告。从二楼看着这些人走过新华中学，而校园里恰好有一群华人女子优雅地打着太极，这景象让我着迷。稍晚，街上充斥着卡车的隆隆声，还有那些工人从仓库装卸货时的吆喝声。这些仓库归唐人街批发商所有，每天都有来自全岛各地的店主到此进货。

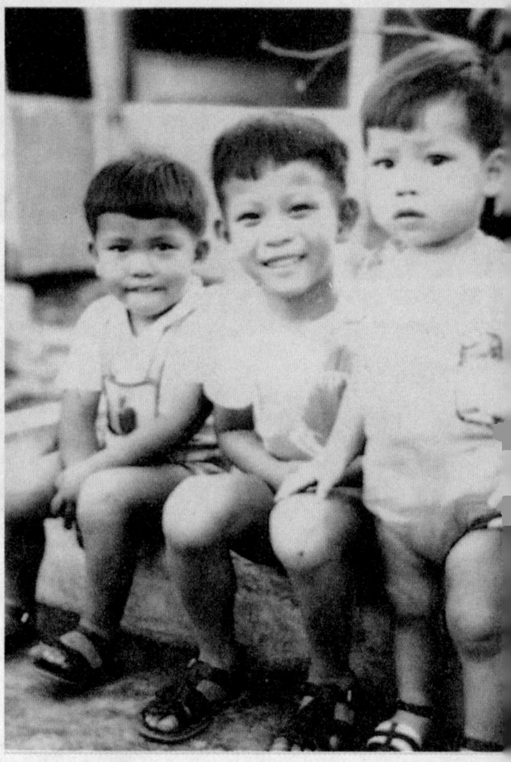

上图：陈迈朋（Percy Yip Tong）和他的两位兄弟

右图：陈怡堂（Yip Tong）家族

上图：英京酒家，Royal Road，1969年

右图：一次热闹集会，Royal Road

LOUIS LTD
Big
Small
華聯行

陈宅球场

1950年左右，毛岛城乡许多华人家庭逢年过节都会聚集到Arsenal Street，这里的陈氏宗庙和著名的陈宅球场都是节庆热闹的场所。

所有重大的文化、体育活动以及政治集会都在这里举办，整个唐人街都为之吸引。辛亥革命纪念日、中秋节，龙舟节（又名重五节）等重要节日纪念活动在陈宅球场举办。端午节是为了纪念中国古代爱国诗人屈原，他著有《离骚》（参见199页）。

这里还举办漂亮姑娘和儿童选美等活动，并将筹得的资金寄给中国的亲人们。

年轻人则愿意去那里约会或者打篮球。后来，篮球越来越受欢迎，Plaine Wilhems地区的许多俱乐部也开始组织这项运动，比如像竞速俱乐部、渡渡鸟俱乐部、蓝鸭子俱乐部、猎鹰俱乐部等等。不过，不少代表毛里求斯参加地区或国际比赛的球员都是从陈宅球场被伯乐相中的，比如黄少其（Ah Sow），钟氏兄弟（Maurice and Albert Chung），东记（Tunghee），阿槛（Ah Kam），还有 Leong Son。

Real 和Attila篮球队都在这里诞生。Attila队拥有传奇球星黄少其，领衔当地篮球联赛，与另一支劲旅Dragons队可谓一时瑜亮。

台风俱乐部，提供举重（也叫“杠铃”）等多种运动项目，也位于陈宅球场附近。于是，每逢婚礼，整整一代人都会伴随著名台风管弦乐队的音乐翩翩起舞直到深夜。

上左图：举重冠军Stewart Lai Cheong，曾当选毛里求斯先生

上右图：女子篮球队

右图：冠军Attila队，1945年

54
53
59
52
51
57

TYPHOON
Coca-Cola
AMATEUR
DANCE

传奇的台风乐队

台风俱乐部曾举办许多令人难忘的男中音和男高音的PK秀。Wong You Chong兄弟是俱乐部的台柱，他们的背后，正是那个时代伟大的华人乐队——传奇的台风乐队。

乐队包括十位乐手和歌手：吉他手Michel、贝斯手Harold、风琴手Gaetan、独奏吉他手Michel Yeung、鼓手Steve、歌手Marjorie、Arnaud和Antoine，还有小号手兼乐队指挥Stewart Lai Cheong。

左图：50年代的台风乐队

下图：乐队与Serge Lebrasse同场举办演唱会，1972年

公进礼堂与广悦隆礼堂

上图：婚礼，1954年

旁页：50年代广悦隆礼堂里的舞会

黎达夫（Lai Fat Fur）家族的公进礼堂（Century Palace）坐落于Ramp Street，传统庆典通常在此举办。

一年到头，许多新婚夫妇在这里举办婚礼。新娘会先穿一身传统的大红旗袍，然后再换上欧洲人青睐的白色婚纱。新郎官必须来自不同的宗族以避免近亲结婚，此外新人还得八字相合，这都是必须遵守的规矩。

婚礼通常在下午早些时候开始，持续约一个小时。许多新婚夫妇都选择在圣路易天主教堂（St Louis Cathedral）许下誓言，婚礼后在战神广场（Champ de Mars）跑马场绕场一周，然后前往公进礼堂。

礼堂的墙上会挂上红色横幅，上面绣了“双喜”字样和慷慨赞助者的名字。按照传统规矩，新人会在他们的父母和宾客面前相互三鞠躬。司仪通常由社区里有名望的人士担任，婚礼现场播放中国音乐，并分发汽水、蛋糕和杏仁糖。

所有宾客离去后，新婚夫妇的嫡亲家属会留下来一起用餐，并在路易港找一家照相馆合个影。所有婚礼花费都由新郎家承担，并提前商定新娘家来多少位客人。

公进礼堂也是富人家祝寿时举办舞会的场所，还可以打通变成电影院，人们会来这里看一些那时的经典中国影片，比如《江山美人》《白蛇传》《牛郎织女》，甚至还有《梁祝》，也就是中国版的《罗密欧和朱丽叶》。

不久后，大楼里建了个溜冰场，许多年轻人来这里玩。后来又被改造成一个仓库，用来堆放黎达夫五金店从缅甸进口的木材。国家独立后，大楼被拆除并改造成停车场。

50年代的唐人街约瑟夫利威尔街，林氏家族的广悦隆礼堂（Royal Hall）也广受欢迎。几乎每周六晚，大厅里都会回响着克里奥尔婚礼舞会上的狂野节奏。

高婷旅馆位于广悦隆礼堂二楼，只有30个小房间，厕所位于楼梯口，价格非常优惠。

照相馆

随着商业摄影的发展，路易港出现许多时尚的照相馆，比如Desforges Street的Modern照相馆、Sir William Newton Street的Mimosa照相馆、Royal Road的Paris照相馆，许多家庭愿意去那里照相。

照相馆里的布景很有讲究，顾客上门通常都身着盛装。有的是基督徒为了纪念初次圣礼，有的是新人为筹备婚礼，也有的就为了照个全家福。他们会在照相背景布前摆各种姿势，背景布上的图案都很逼真，有漂亮的楼梯，还有雄伟的古代立柱等。

国家独立后，许多照相馆也支起一块亮红背景板，为人们提供护照相片摄影服务。

照相除了在速度和价格方面具备优势，人们还可以冲洗出大量相片，寄给亲朋好友，特别是那些留在中国的亲人们。

旁页：Paris照相馆，1970年

赌博和娱乐之城

夜晚的友谊娱乐场

唐人街曾经被认为是岛上最混乱的地区，甚至被称为“罪恶之城”。

有很长的一段时间，这里是日夜不歇的娱乐活动中心：人们在唐人街打麻将，玩纸牌，赌马，在院子里抽鸦片，妓女在破败的旅馆里游荡着招揽生意，历史学家August Toussaint在《两百年路易港》一书中称 “她们不是华人”。

许多赌马庄家在中央市场附近的Corderie Street、 Bourbon Street以及Royal Street开设投注站，直到1985年才被要求搬到战神广场的赛马场里。

Cabane Bambou舞厅也位于唐人街中心地带的Royal Road。在20世纪70年代初，这里被改建成了赌场，称为“友谊娱乐场”（l’Amicale de Port Louis），并迅速成为首都最受欢迎的地方。

独立之后，许多法国名人，例如碧姬·芭铎（Brigitte Bardot），黛莉达（Dalida），约翰尼·哈利迪（Johnny

Halliday），蒂耶里·勒吕龙（Thierry Le Luron）和阿诺·德洛内（Arnaud de Rosnay）都与毛政治家盖当·杜瓦尔（Gaëtan Duval）一同都到访过这里。

不幸的是，这座建筑在1999年的一场大火中被彻底焚毁。

此后友谊娱乐场搬至La Chaussée Street。

1978年的赌马庄家

麻将，“变金” 纸牌和象棋

麻将是最受欢迎的中国传统游戏，把十四张麻将牌凑成四组三张牌的组合和一个对子就能和牌。过去，在唐人街的每个角落都能听见搓麻将的声音。生意人是麻将馆里的常客。一些人甚至夜以继日沉迷其中，把妻子留在家中看店。嗜赌如命之徒常常输个精光，也毁掉了自己的生活。

“变金”（Pen Kim）虽不如麻将那么出名，但却是客家人特有的纸牌游戏。一副“变金”共七十二张牌，一半红一半黑，每个玩家有十四张牌，首先出牌的玩家有十五张。游戏规则与中国象棋类似。

中国象棋虽不如上面两种游戏那么流行，但很益智。它与国际象棋截然不同，比如，棋子中有象、炮和车。通过移动棋子，吃掉对方的“将”或“帅”即获胜。

中国象棋棋子

中国餐厅

几百年来，丰富多元的中国美食满足着全球食客的味蕾。直到今天，路易港唐人街依然是全岛各族裔饕客品尝地道粤菜、客家菜的美食圣地。几十年来，中国厨师忙碌在餐车后、炉灶前，不分昼夜地为客人们烹制价廉而可口的街头美食：煲仔饭、炒面、炒饭、饺子、包子、盖饭、鱼翅汤、烧鸭、叉烧、年糕、姜糖等等。

客家人和广东移民成功保留了他们的饮食传统，并传承给子孙，这样的例子不胜枚举。

尽管在一代代毛里求斯人味蕾上留下深刻印象的中餐厅不在少数，但其中有一些尤为出类拔萃，比如蓝天饭店（Ciel Bleu），联合国酒店（ONU Hotel，后改名新唐人街美食，New Chinatown Delis），以螃蟹汤出名的Gros Piti餐厅，上世纪60年代非常出名的Mama饭店（Mama Restaurant）、中央饭店（Central Restaurant）以及后来的白雪饭店（Snow White）。

最经久不衰的当属自1948年营业至今的金龙饭店（Lai Min Restaurant）。

右图：金龙饭店，Royal Road

旁页图：水彩画，Florent Beusse绘

Coke
CHINATOWN
DELI

金龙饭店

从广东来到毛里求斯几年后，在路易港做贸易的黎永棉（Edmond Lai Min）决定做餐饮生意，并于1948年在路易港Royal Road 开了金龙饭店（Mme Lai Min Hotel）。饭店位于一栋两层木质建筑内，一层是商铺，主要卖糕点、酒、糖果、巧克力。

二楼为餐厅。左侧橱窗里摆放着烤猪肉、禽肉、猪头和其他下水制品，右边为用餐区，能容纳50名客人。

厨师是广东人，客人有的来自路易港市内或郊区，有的来自其他市镇，专程赶来用餐或打包带走。早年间的菜单里有炒面、盖饭、姜片鱼和竹荪炖鸡。

许多年后，餐厅交给长子黎窝甜（Laval Lai Min）经营，他引进了一些花样更多的川菜。餐厅很快得到当地上流社会的喜爱，成为中餐厅中的翘楚，至今依然在毛岛声名远扬，很多当地老饕都是他们的忠实顾客。

旁页：卡伦·谢里尔（Karen Chéryl）在金龙饭店
上图：凯撒琳·丹尼芙（Catherine Deneuve）和碧姬·芭铎（Brigitte Bardot）在金龙饭店

大湾（Grand-Baie）地区的餐厅
Florent Beusse绘

客家菜

客家菜的起源和客家人的历史密不可分。客居他乡的迁徙生活让他们习惯通过风干、腌制来保存食物。

相比口感更丰富、制作更精致的粤菜，客家菜就是口味简单又质朴的农家菜，热量也比较高，能给在田地中辛勤劳作的客家人提供足够的能量。

因为山区中的水稻产量有限，客家人也经常吃红薯、芋头和山药。

客家菜常重油、多盐，除了节庆大餐之外，一般选用经济实惠的食材，如各种野生或者种植的植物叶、茎以及根部（芋头和红薯），为了不浪费食材，善用牲畜各个部位和内脏。生活在中国的客家人常用鲤鱼做成鱼丸，在毛里求斯多用鹦鹉鱼替代。

红糟（chao sui）是客家菜特有的一种调料，它是一种颜色很特别的黏米，

常用来炒炖和煲酸菜汤（酸菜由小叶芥菜腌制）。

和粤菜、川菜不同，客家菜不属地方菜，而是属于客家族群的料理。客家特色菜有盐焗鸡、梅菜扣肉、客家酿豆腐，小吃有萝卜糕，牛筋丸等，吃的时候还会撒上香菜和辣椒末。

上图：卖饺子的商贩
Florent Beusse绘

旁页上图：Arsenal Road过去的市场
Florent Beusse绘

旁页下图：Arthur Kwet Tien

街头小吃

很多人还记得当年在熙熙攘攘的唐人街Ramp Street路边大快朵颐的美好时光。1.5卢比就能买到一碗热腾腾的猪肘炖干螺汤，或者酸菜干贝汤。显然，这些客家特色菜只在某一家店有卖。

此外还能品尝到萝卜炖牛肉、味酵粄（糯米蒸糕撒上炸蒜蓉和焦糖汁）炖牛肉、客家酿豆腐、烧卖、肉丸……这些小吃都能在位于Ramp Road和Royal Road街道的流动商贩那里找到。

为了中和客家菜中经常出现的辣味，人们喜欢餐后再来一碗爽口的烧仙草，这是一种用中药提炼，手工制成的果冻类甜品。

在唐人街还能找到芋头酥、蝴蝶酥、粉色发糕等等。

最后的“钉子户”

华人Arthur Kwet Tien的面条饺子摊在唐人街已经开了很多年，他像战场上的旗手一样坚守在 Emmanuel Anquetil Street和Royal Road两条路的交汇处，直到2016年新的市政规定出台，他才不得不离开。

Kwet Tien的父亲和祖父母都是从广东梅县迁来毛里求斯，这辆快餐车还是那时留下来的。

Kwet Tien五岁时就帮父亲做酿豆腐，然后陪父亲在Ramp Street做生意。至今他还记得赛马日的时候，推着快餐车去战神广场卖小吃的日子。

即便后来他去上大学了，年轻的Kwet Tien还是会在每天中午以及中国传统节日的时候回来帮父亲干活。

父亲去世后，作为家中八个孩子中的长子，责任感驱使他没有放弃这辆曾经全家人赖以为生的快餐车。

中药店

1993年被烧毁的药店
"黎东保寿堂"

第一代中国移民带来了传统中药材。中国商店的小角落都被辟出来当做药柜。为了遵守当地的法律，只是进口了草药，而没有矿物和动物制品药材。那时，Emmanuel Anquetil Street，Arsenal Street 和 Léoville l'Homme Street等街道上的中药店至少有六家。店里卖着各种气味浓烈的草药，药膏和药油，比如缓解疼痛的撒隆帕斯以及提神醒脑、催情助兴的药品。此后光顾中药店的客人逐年减少。Lai Tong家族位于路易港友谊娱乐场一楼的药店不幸在1999年的一场火灾后被夷为平地。

中医

中医有五千多年的历史。它从整体论的角度对人的身心健康进行全面观察和分析，并通过调理身体内部能量——“气”的运行达到改善人体健康的目的。

中医学以阴阳五行作为理论基础，将人体看成是气、形、神的统一体，气血运行不畅是生病的原因，人体阴阳调和才能健康。

传统中医的基本功能是养生防病，但对多数轻微、慢性疾病也有治疗效果主要有五种治疗手段：针灸、中药、食疗、推拿、气功（包括太极）。

上图：中草药

左图：人参

随着时间推移，新一代毛里求斯华人开始崇尚西医，如今唐人街的中药店只有两家仍在营业。

华人医生徐惠霖博士（Dr Patrick Chui Wan Cheong）长期致力于推广中国传统医学。他于1969年在路易港创立都市医院（City Clinic），并于2006年设立针灸馆。对于一些良性疾病，医生常常会用从中国进口的中药材加以调理，这些药材在唐人街的传统中药店里都能找到。

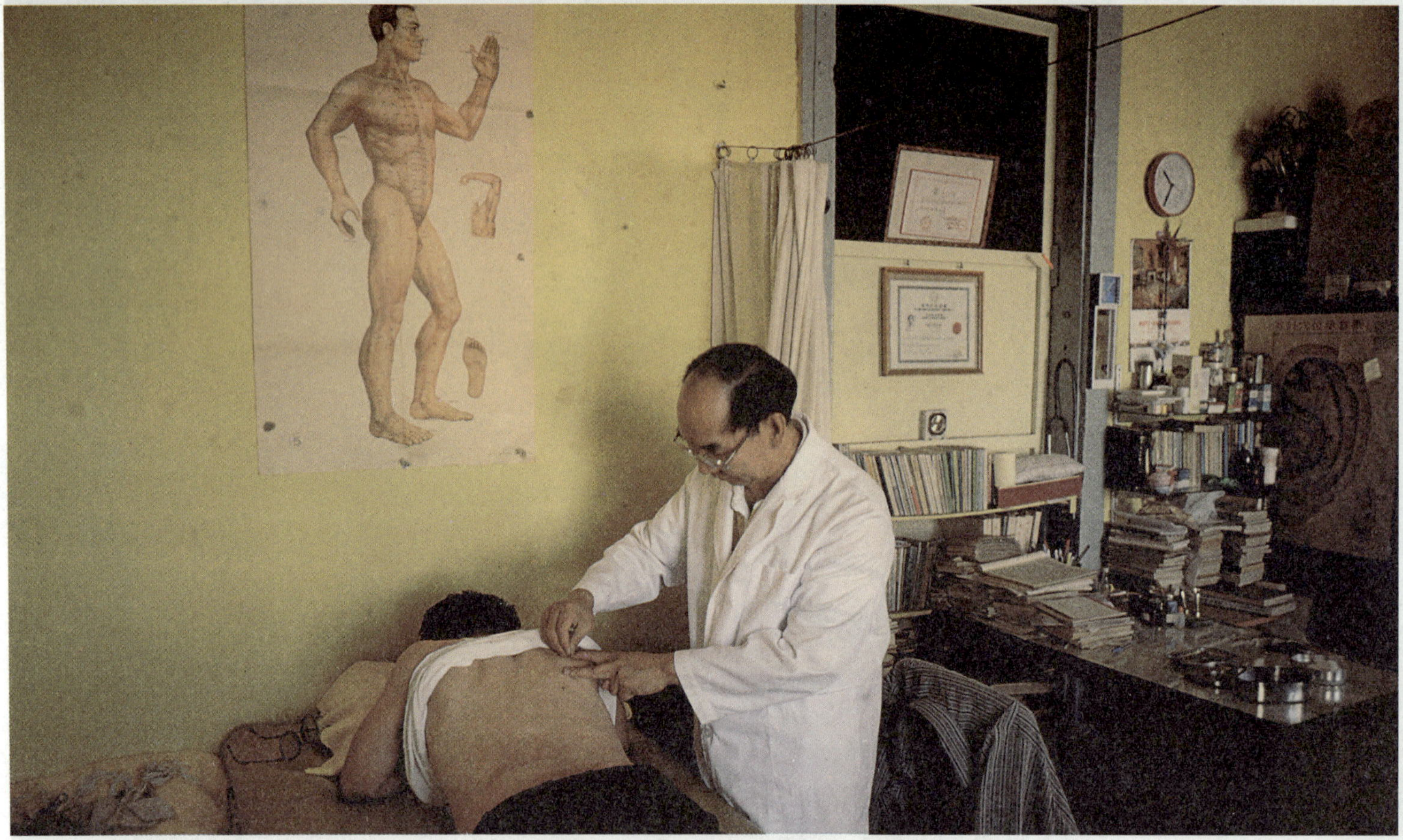

上图：针灸馆内

妙手仁心

Ho Ng家族自1950年起就经营着位于Arsenal Street的药店Dazzling Star。这里完整保留着他们家族从广东迁至毛里求斯时期的模样。

Ho Ng最初是在路易港一家商店做文员，这间商店有自己的医生，Ho Ng跟他学习了一些基本的医学知识，后来便在Arsenal Street创办了自己的药店。当时，他和妻子还有八岁的孩子住在离店铺几条街远的David Street的一个单间里。

如同当时大部分的中国家庭一样，家人们在清贫的生活中守望相助，和睦相处，孩子们也懂事地帮大人分担家务。知识和经验就这样在简陋的小药房里被传承下来。

Dazzling Star因为提供免费问诊而成为广受华人欢迎的商店。橱窗里柜台上堆满了诱人的中国食品，箱子里盛满了枸杞、海带、红枣、芝麻以及其他商品。

商店后方的大木柜子有数不清的小抽屉，里面装着各种中药。对每种药材的特性，老板了如指掌。比如用菊花热敷或饮用菊花茶对治疗结膜炎有益。如今，这些中药需要医生处方才能买到。

上图：Dazzling Star的抽屉

华文报纸

《华侨时报》编辑部入口

说起唐人街，不得不提华文报纸。第一份华文报纸是创立于1932年的《中华日报》（*Chinese Daily News*），这份报纸当时发行量有1000余份。1942年，朱梅麟（Jean Ah Chuen）任社长。

随后出现的是1942年发行的《中华商报》（*Chinese Commercial Paper*），被认为是当时主流报刊之一。

同样很受欢迎的还有创立于1953年的《华侨时报》（*China Times*），这份中文日报在全岛发行，内容包括本地重大新闻和中国国内局势等。它还提供有

关政府调整商品价格、通过最新法案等商家关心的内容，因而拥有庞大的读者群。此外它还提供华人婚丧嫁娶、升学祝寿等信息。

如今，《华侨时报》的读者主要是一些老华人，而不懂中文的年轻一代更喜欢从网上或电视上获取资讯。如今的《华侨时报》每月订阅费250卢比，月发行量不足1000份。

中文报纸《镜报》（*The Mirror*）成立于1976年，读者主要是旅居加拿大、澳大利亚等国及香港的毛里求斯华人，但是自主编黄基松（Ng Kee Siong）去世后，《镜报》也渐渐销声匿迹了。

最年轻的中文报纸是首发于2005年的《华声报》，发行量300份，该报集合了法语、英语和中文的报道，吸引了许多华商和中国工人读者。

冯云龙：关于中文报纸的记忆

冯云龙先生（Mr.Poon Yune Lioung POON YOW TSE）是中文报界的风云人物和灵魂人物，他的个人经历十分传奇。他的本子和笔总是随身携带，以便记录随时迸发的思考和洞察，备与读者分享。他的笔风诚恳而充满智慧。作为毛里求斯最资深的媒体人，85岁的冯云龙依然壮心不已。

冯云龙1928年出生于路易港Rémy Ollier Street，大家都亲切地叫他Poon。他在一个贫穷家庭中长大，他父亲在唐人街开理发店养活家人。但凭着崇文重教和吃苦耐劳的良好家风，父母把他送到路易港新华中学读了初中，随后送他回老家广东梅州的东山书院读高中，再到北京的清华大学接受高等教育。

当时中国生活条件十分艰苦，所以冯云龙决定回到毛里求斯。他在母校新华中学当过老师。随后在《镜报》从记者做到编辑。《镜报》停办后，他又在《华侨时报》和《华声报》工作过，成为毛里求斯华文报业的骨干。通过他的文章，华人华侨能了解到当地的政策、规定和要闻。他为华人融入当地社会和毛中友谊做出了贡献。

直至2012年,冯云龙还住在于1957年购置在唐人街传统克里奥风格的老木宅中。他家里的办公室，桌子上和书架上都堆满了字典和书籍，具有知识分子家庭和文风鼎盛的氛围。文章都是先手写，然后送到报社校对、排版和印刷。

他的生活十分规律健康：每天早起，完成报社的工作后，就在路易港散散步，爬炮台山，买点新鲜的蔬菜和肉，再去仁和会馆和朋友聊聊天或下下棋。他几乎每天都去Baie du Tombeau游泳。

有的时候，孙辈也会来看他。冯云龙希望后代续传中华和客家的优秀传统文化：饮水思源，百折不挠，开拓进取。

左图：《华侨时报》的老式印刷作坊

上图：冯云龙

5 核心价值

中国移民尽管语言不通，在法律上还受到重重限制，但经过几十年奋斗，他们逐渐站稳脚跟，并在毛国家经济生活中发挥重要作用。

他们的快速成功得益于中国传统的儒家精神：勤勉、孝悌和团结。

20世纪60年代，一个推着推车的男人

馮業祥公司
C. FONG YONG & FONG MAN
LTD.
RODRIQUES PRODUCT
達興公司
AU MANDAR
8366

儒家思想

1786年孔子版画，Helman绘

两千年来，儒家思想深远地影响着中国文化，同样也是海外华人的精神之源，这其中也包括毛里求斯华人们。

作为一个哲学家、思想家，他推崇仁、义、礼、智、信，认为统治者应当致力于推动社会和谐、福祉和富强。

他认为统治者和百姓都应该接受教育，统治者有义务教育自己的百姓，这样才能建设一个其乐融融的社会。

孔子思想的核心是“仁”，它包括孝、悌、忠、恕、礼、知、勇、恭、宽、信、敏、惠等内容，“敬老”、“孝悌”是所有关系的基础，存在于君臣、夫妻、长幼等家庭社会之间。此外，贵贱有序，亲疏有别也是儒家思想的主要观点，所谓君君臣臣，父父子子，这些关系是恒定不可打破的。

儒家学说最独特的部分在于将道德教化融入社会秩序，对古代封建贵族的“世袭精英”体制提出质疑，认为应将美德、功勋、才能作为社会权力分配的准绳而非出身或财富。

孔子

孔子公元前551年出生于鲁国（今山东省曲阜市附近），这是人类历史上一个重要时期，中国思想家老子与佛教创始人释迦牟尼都降生在这个时代。

孔子以高尚、温良的品格很早就在鲁国确立了政治地位，官拜大司寇。

但在公元前496年，孔子受人排挤背井离乡，周游列国，宣传自己的思想主张。在历经13年的颠沛流离之后，孔子落叶归根，逝于鲁国，终年72岁。

孔子终其一生都未能实现他推动政治、社会改革的理想，但门下众多弟子将他的言行和思想记录下来，编为《论语》，广为流传。到了西汉时期（公元前206至220年），儒家思想成为中国正统思想。

时至今日，儒家思想仍深深影响着大部分的亚洲国家及海外华人。

右图：木板画《孔子与两弟子于乡野亭中》，
埃尔芒（Helman），1786年
藏于法属留尼汪维莱尔历史博物馆（Musée historique de Villèle）

勤勉与孝悌

同全球各地华人一样，毛里求斯华人以上进、敬业和勤劳著称。这些品质源于儒家的社会观：每个家庭必须自力更生，而个人要对家庭负起责任。这种精神鞭策着华人勤奋刻苦，也让家庭责任感深入每一个个体的灵魂。

传统的中国家庭以家长为核心，以敬老为基础。个人要为所属家庭和家族做贡献，进而与其他家族一起服务于整个村子的繁荣。

在这样的环境中，个性自由自然而然地让位于倡导互敬互让、团结友爱、自给自足的集体利益。

上图：林氏兄弟合影，
从左到右，从高到低依次是：
Ah Man，Poo Ten，Lim Fong，
Ah Koon et Maloo

右图：Liu Yew Fa家族合影

宗亲组织

一个多世纪前，路易港唐人街的华人中间形成了一种独特的团结互助的精神，特别是同宗亲华人之间。成为划分宗亲标志的姓氏包括：李、黄、霍、谢、曾、黎、钟、吴、侯、邓等。

各类华人会馆、互助社、宗教团体应运而生。1883年，广东侨民创建陈氏宗亲会，成为在毛注册的第一个华人社团。

宗亲观念对毛华人移民及其后裔影响深远。追根溯源，这一观念孕育于5000年前中国的部落时代。当时水源、牧场甚至农作物归集体所有，需共同维护，以帮助每个农民熬过歉收、饥荒的难关，满足地主的苛刻要求。

当时地主的田地被划分成方田，亦称为“井田”，每块“井田”分成九个方块，周围八块由八户农户耕种，收成全归耕户所有；中间第九块是“公田”，由八户共耕，收入归地主。

“井田”中的农户在共同耕作的过程中产生了团结互助的观念，后又传播、影响整个中国社会。耕户日复一日轮作、休耕，永不停歇，虽能获得收成，但没有土地产权，也没有祭拜土地爷的权利。

直到五世纪起，耕户有了属于自己的土地，也获得了祭祖的权利，宗亲观念由此产生，绵延至今。

“关系”

中国移民初到毛岛，既无根基又不懂语言，只得依靠已在此安家的亲人或族人。

他们能够发家致富并获得更高的社会地位，不仅仅依靠勤奋和才华，也依靠“关系”。“关系”源于中国人互帮互助、资源共享的传统，是他们的基本文化特质。

西方人可以先谈成生意再建立关系。但在“关系”的世界中却截然相反，“关系”指的是各种力量、各个人之间的联系，强调以家庭、亲人或朋友关系为核心建立联系渠道后才能结成生意伙伴。

这种以亲友联系为特质的文化认同体系成为海外华人的力量源泉，也是华人成功融入毛里求斯社会的重要因素。

上图：陈氏家族会馆前合影
摄于1950年前后

李	陳	吳	林	張	鍾	溫	劉	丘	楊
LEE	CHEN	WU	LING	JANG	CHUNG	WEN	LIOU	CHOU	YANG
葉	謝	梁	王	黃	熊	羅	曾	鄧	侯
YEH	SHIE	LIANG	WONG	HWONG	SHYONG	LO	TZENG	DENG	HOUR
徐	胡	郭	廖	杜	鄭	蕭	黎	余	顏
SHYU	HWU	GUO	LIAW	DUH	JENG	SHIAU	LI	YU	YAN
田	鄒	房	何	古	管	姚	趙	闕	關
TYAN	TZOU	FARNG	HER	GUU	GOAN	YAU	JAW	CHIUE	GUAN
伍	馬	毛	江	彭	潘	柳	柯	宋	藍
WU	MA	MAU	JIANG	PERNG	PAN	LEOU	KEH	SONG	LAN
賴	莊	霍	陸	蘇	饒	程	盧	涂	凌
LAY	JUANG	HUOH	LU	SU	RAU	CHAN	LU	TWU	LING
范	莫	沈	馮	朱	方	曹	覃	池	卓
FAN	MUOH	SHEEN	FEANG	JU	FANG	TSAUR	TARN	CHYR	JWO
周	呂	許	邱	俞	卜	岑	陶	董	蔣
JOU	LEU	SHEU	CHIOU	YU	BU	TSERN	YAU	DOONG	JEANG
唐	孫	高	湯	簡	刁	葛	石	單	時
TARNG	SUEN	GAU	TANG	JEAN	DIAU	GEE	SHYR	SHANN	SHYR
龍	于	洪	童	苑	賀	柴	游	金	圖
LONG	YU	HORN	TORNG	YUAN	HEH	CHAIR	YOU	JIN	TWU
戴	利	岡	招	羌	郝	韓	邢	邵	嚴
DAI	LIH	GANG	JAU	CHIANG	HAO	HARN	SHYNG	SHAO	YAN
丑	蒙	刀	申	成	盛	文	夏	丁	區
CHOOU	MENG	DAU	SHEN	CHERNG	SHENG	WEN	SHIAH	DING	CHIU
翁	杏	巫	崔	秦	蔡	魏	麥	傅	哈
UENG	SHING	U	TSUEI	CHYN	TSAY	WEY	MAY	FUG	HA
郁	姜	歐陽							
YUH	JIANG	OU-YANG							

毛里求斯的133个华人宗亲

华人移民从家乡启程时，如果是家中长子，会带上本家族的族谱并传承后代。

在中国，一般用三个字给新生儿取名：第一字是父亲的姓，第二字是辈分，第三字是新生儿的名字。

女性在古代不能进入本姓族的族谱，而是记入丈夫姓族谱。

根据研究发现，毛里求斯华人共有133个宗亲，李氏宗亲人数最多。

左图：《宗亲名录》，Doubchoy Pin Harry著，刊登于1987年8月第四期《晨光》

互助金与“平行” 银行

华商当年因外族人身份无法获得毛当地银行的贷款，为此他们创造了被称为“循环金”或“互助金”的金融工具，以筹措经商资金。原理很简单：

宗亲成员每月以众筹方式投入相等的资金，再通过抽签将款项全部分配给一名成员，分配周期取决于宗亲成员的数量。当有数名成员同时希望得到资金时，他们需将可支付的利息写在纸片上，折叠放入碗中，待会议主席查验结果后，由付息最高者获得资金。

这种金融工具类似于现代的小微贷款，以互信、诚实、荣誉为基础，弄虚作假是绝对不行的。

上图：李氏宗亲在祖屋前

会馆：互助合作的旗帜

上图：会馆厨房

旁页右图：打麻将的人

随着宗亲组织的发展，比普通互助社组织更完善的各类会馆应运而生，它们不仅向新移民提供帮助，也为宗亲聚会、膳宿（不少会馆设有餐厅）、麻将、棋牌等娱乐活动提供场地。

路易港是当年全岛商贩集中补充货源的地方，牛车、手拉车和马车是当时常用的交通工具。不少商贩也常合租火车车厢运货，但候车往往需等上一到两天的时间，而会馆则能提供货物寄放或住宿的服务。

会馆也是重要的社交场所，人们在这里共进午餐和晚餐，会见新移居毛岛的朋友，分享他们从家乡带来的消息，相互交流见闻，打牌、下棋打发时间。单身男子也通过会馆向“媒人婆”送红包，拜托她们介绍一门合适的亲事。上世纪六十年代，华人女性没有接受高等教育的机会，甚至中学还没读完就被催着早早嫁人了。

现在，华人社团为加强联系每月底会组织会员进行卡拉ok等娱乐晚会，会馆也象征性地为最贫困的会员提供帮助，尽力传承着宗亲传统。但青年一代的华人大都十分西化，很难在这些旧式社团习俗中找到认同。

1874年，代表所有客属宗亲的仁和会馆在萨林纳地区成立，1904年搬迁至约瑟夫利维尔大街，它是唐人街华人社团生活的重要象征，也是在路易港—马里蒂姆选区注册参加大选的每位候选人竞选的必到之地。

会馆内大多不建宗庙，但有供奉祖先及关帝（详见151页）等神明的小庙堂。

当时还没有极乐殡仪馆（毛里求斯华人殡仪馆），如果有人去世，遗体一般陈放在会馆并在此举行入殓仪式。会馆的门卫兼厨师会租用一辆莫里斯牌小车向其他宗亲发丧。出殡当晚会馆热闹非凡，逝者的亲朋好友或聚在一起通宵打麻将、玩纸牌，或前往唐人街餐厅聚餐。

上图：在Royal Road一家俱乐部中玩牌的人们

劉關張

南顺会馆（La Nam Shun Fooy Koon）是广东华人经营的互助社团，以保护会员利益，传承广东传统文化与习俗为宗旨。作为一个非营利的社团，活动经费主要来自捐助。南顺会馆目前将经营祖产作为主业，负责南顺世袭大厦、萨林纳地区华人墓地以及路易港战神广场地区的关帝庙与天后庙的维护。

左图：老霍宅

上图：1967年南顺会馆成员

6 信仰、宗教与传统

几千年来，中国人生活的各个方面无不受信仰与传统的影响。中国文化融合佛、道、儒三教，同时掺杂着崇拜与迷信。

许多中国移民来毛后开始信奉基督，同时遵从着传统信仰与习俗。他们以博采众长的精神面对未知世界，甚至带有敌意的环境。时至今日，大多数华人既做礼拜，也拜佛烧香；既供奉先祖，也拜关二爷。这些传统经受住了时间的考验与西方生活方式的洗礼，成为毛里求斯华族身份认同的重要基础。年轻一代在这个多种族大熔炉中艰苦奋斗的同时依然坚守着那些无可撼动的传统。

关帝庙门前的石狮

風馳外

信仰

右图：中国十二生肖

中国宗教信仰在毛仍有很强的生命力，主要以数字迷信、占星术与风水学为表现形式。

毛里求斯华人与世界各地的华人一样，日常生活的方方面面都受到数字迷信的深刻影响，虽无任何科学依据，但华人在举行开业、动工或婚礼等重要活动时仍愿选择良辰吉日，甚至乐于为自己的电话或车牌选一个好数字。

奥秘在于数字的谐音，“4”是令人惧怕的数字，因为它是与“死”的同音；而“6”是吉祥数字，因它与俗语“六六大顺”相关；“9”是“久”的谐音而广受青睐；“8”是最受华人喜爱的数字，因为同“发财致富”的“发”同音。

占星术同样占据重要地位，对华人生活、命运乃至性格都有显著影响。十二生肖是鼠、牛、虎、兔、龙、蛇、马、羊、猴、鸡、狗、猪，每一年出生的人都对应特定的生肖。关于生肖，有传说是佛祖在圆寂前命所有存世动物来榻前报到，仅上述十二种动物赶来。佛祖为表达谢意，以这十二种动物到达的次序命名农历年份。也有传说将玉皇大帝作为十二生肖的创立者。

十二生肖与计数用的天干组合成六十年一轮回。

人们常常翻阅”通书“（红色封面的黄历）为日常生活及大型活动确定良辰吉日，“通书”一般由家族或寺庙的专家代为解读。

中国移民还带来了有上千年历史的风水学，风水字面意思是“风”和“水”，旨在通过校察建筑地理、调节能量的方式，调节建筑周围有形（水）或无形（风），实现自然力量和能量运行的完美平衡，确保户主的健康、幸福与繁荣。

上图：古代风水罗盘

宗教

大多数毛里求斯华人信奉的宗教实际上是一种儒、道、佛多种思想融合的产物。这三种最主要的中国传统思想流派对内外平衡有着共同的追求，也都注重在日常行为中恪守道德规范。

在中国盛行的这些宗教和思想不需要神职人员，没有教典，也不必在寺院中举办牧师主持的仪式。每个人都根据自己的感情、信念、良心而祈祷行事。神灵往往都是由世俗英雄与人物演变而来，例如关帝、观音和佛陀，他们教人向善，引导人们与自然和谐相处。

对待宗教的虔诚通常通过两种方式表达——祭神和祭祖。一般献品有苹果（代表健康）、橘子（代表繁荣）和糕点（代表长寿）。有些寺庙也接受肉品等献品。

祭祖代表后代对祖先的尊重，更是对祖先所教、所行的价值观的信仰。

大多数中国传统节庆活动都充满激情、热情和欢乐，尤其是春节。春节也是毛里求斯的法定假日。

“春节”亦称“中国农历新年”意义重大。虽然庆祝方式受现代与西方文化的影响，产生不少变化，但春节还是毛里求斯华人最重要的传统节日，是推广中国文化的重要平台。

祭坛上的装饰

上香

春节是中国农历新年，代表冬季的结束和大自然的复苏。想要理解这个节日的意义，我们必须了解春节礼仪对华人的重要性，这关乎新一年中的成与败，因此新的一年必须要开个好头。农历腊月十六以后，华人便已进入过年的节奏。每年这个时候，所有人都表现得格外仁慈与慷慨：企业偿清债务、进行结算，屋子、院子到处都被打扫得干干净净，以迎接好运，家家户户都在门口挂灯笼、贴春联，寄托着人们对幸福、兴旺和长寿的美好愿望。

在毛里求斯，春节当天保留着商铺歇业的传统（上世纪70年代以前，春节是华人唯一的假日）。当年，人们会提前好几个礼拜在阳台和院子里用竹竿晾晒腊肠，华人主妇会到运泰庄店等华人商铺购买祭神、祭祖的材料和准备年夜饭的食材，她们会兴奋地赶到路易港港口等待来自罗德里格岛的“毛里求斯MV”号货船，上面满载着新鲜的散养鸡，做出年夜饭上必不可少的白斩鸡。

如今，购买食材不再是难事。除夕当天，一家人围坐在长辈身边，享受着丰盛的晚餐。厨房里，人们忙碌准备着各种曾经稀有而昂贵的佳肴，如海参、鱼翅、鲍鱼、牡蛎、干扇贝、百合、香菇、竹笋，当然还有必不可少的皮蛋。有些家庭年初一得吃素。年初二，家家户户都放鞭炮来感谢神明、赶走恶灵。而放过鞭炮后一定不能清扫满地的残渣，否则，就意味着好运气和福气都被一扫而光。

之后，晚辈给长辈们拜年。长辈根据经济情况给孩子们分福包或红包。人们忙完家中仪式后，就到关帝庙祭拜，在那里又是一场鞭炮声和狮舞登场的热闹场面。到处弥漫着浓厚的熏香。祭坛上摆放着祭品，包括各式水果、糕点、猪肉、鸡肉、鱼、酒、茶等。每个人都小心看管自己带来的祭品，因为在祭祀结束后，他们将献品带回，与家人分享。

在这种神秘的气氛和喧闹声中，一些信徒用力摇晃一个装满竹签的罐子。竹签上刻了字，被甩出签上的字就代表他们来年的运气。他们把这支签交给庙里的智者，请其帮忙解开其中奥妙。

左上图：“红包”

上图：水彩画，狮子
Florent Beusse绘

月饼

春节十五天后（农历正月十五）就是元宵节，这标志着新年庆祝活动接近尾声。人们主要在晚上庆祝元宵节。各种各样的灯笼、盛装游行、龙狮舞、锣鼓声此起彼伏。而元宵节当然要吃元宵（一种用糯米制成的甜点，有芝麻、花生或红豆馅儿），因为元宵如满月一般的形状寓意着阖家团圆。

每年的农历六月二十四（通常在阳历的七、八月份），毛里求斯华人为了纪念关帝诞辰而举行“面条节”（Mine Festival）。时至今日，“面条节”还是很受欢迎。

到80年代中旬，每逢“面条节”前夜，成千上万毛里求斯华人聚集到关帝庙，花上几个卢比吃点小吃。宗教仪式结束后，接着进行狮子舞和民乐表演。临近午夜，关帝庙就为群众分发成包的面条。这也是年轻人约会的好机会，所以人们也将“面条节”称为“Fete Serre-Coin”。

现在，面条节前夜的活动只剩下了宗教仪式和传统的付费晚餐。在这顿晚餐里，象征着长寿的炒面是必不可少的一道菜。

毛公众对中秋节知之甚少，这却是中国第二重要的传统节日。中秋节（月亮节）在每年农历八月十五，阳历九月。关于它的来历和历史有不少传说。其中一个说法是，在元代，中原广大人民不堪忍受朝廷的残酷统治，就设法把纸条藏入面饼，周知人民在月圆之日起义反抗，成功推翻措手不及的元朝，建立明朝。

为纪念这个故事，人们开始在中秋吃月饼。月饼馅儿种类繁多：豆沙、蛋黄、莲蓉、杏仁等等。

关帝： 成为神明的武将

关羽，明代开始被奉为神明。这个传奇般的英雄和他的丰功伟绩在《三国演义》中有着详细的刻画。他因辉煌的战绩被称为“战神”。他又被称为“武财神”，深受商人欢迎。他们希望“武财神”能够给他们带来财富和兴旺。与世界各地的华人华侨一样，毛里求斯华人最崇拜的神明就是关帝。

祭祖

对于很多华人家庭来说，祭祖虽然没有那么热闹，却非常重要。它被认为是宗教和社会生活的基础。的确，中国的宗教首先是一种群体行为，而不是个人追求。成家并延续香火是中国宗教思想中最重要的观念之一。

家庭就是每个人在历史长河中留下的一个节点；它与过去相承，与永恒相连。

通过献给神明的祭品，一家之主希望保证自己的祖先能在另一个世界生活幸福，同时也祈求保佑自己的后世永远幸福美满。

右上图：将要被烧掉的冥币

旁页：水彩画，关帝庙里的祭品
Florent Beusse绘

古代宗教认为，灵魂分为两股气：一部分是神性而永恒的，另一部分则是大限未知的。这两股气通过我们所吃的食物或者我们在世上完成的功业而被加强。

人去世之时，神性灵魂上天，而另一部分则与遗体共存。因此，一个人去世的时候，必须要给他带上祭品和私人物品。这样在另一个世界里，逝者还能过着与之前一样的生活。

人们不会在逝者去世后马上举办祭祀仪式。逝者的家人需要等待丧期结束，才能将为其制作的栗木牌位放进宗祠。最早的祖先牌位将被这块新的牌位取代，象征着这位逝者成为家族新的守护者。从此，逝者也在列祖列宗中有了一席之地，接受家族供奉。

祭奠去世亲人的仪式每年举行两次，分别在春分和秋分后的第十五天。每个宗族或家族的成员聚集在一起，扫墓、进奉贡品、缅怀逝去的亲人。各家庭随后将包括水果在内的所有贡品带回食用。

寺庙

在毛里求斯，佛教寺庙和道教寺庙共存。这些祭祀场所往往是由一个宗族、一个家族或来自同一地区的人们建立，给保护他们的神明献祭，组织祖先祭拜。

旁页：水彩画，关帝庙的大门
Florent Beusse绘

19世纪初，福建人在马埃堡建立起岛上的第一座寺庙。1842年，经过和Farquhar总督多次谈判，陆才新在萨林纳地区建立起路易港第一个寺庙，纪念华人移民的保护神——关帝。几年后，其他家族也开始在路易港修建庙宇。今天，路易港累计有12个庙宇，他们有一个共同点：神像都面朝海，背对山。

人们供奉的神灵有关帝、观音菩萨、包公、财神等；有的神灵则保护着人们日常生活中的方方面面，例如灶王爷、土地公和门神。

同所有宗教祭祀场所一样，庙宇里的气氛平和安详，有时还传来宣布信徒到来的打鼓声。

为了应对飓风和火灾，如今的庙宇建筑不再使用木质材料，但仍从传统寺庙中汲取设计灵感。

1. Law Kwan Thion：古城会馆
2. Choy Shun：财神（仁和会馆球场附近）
3. Chan Cha：陈宅
4. Fock Diack：霍宅
5. Kwan Teck Fook Tong：广德佛堂
6. Cheng Zheng Fo Tong：诚正佛堂
7. Nam Shun：南顺会馆
8. Poo Chee See：普济寺
9. Fook Soo Am：福寿庵
10. Tien Tan：天坛
11. Kwan Pin：关平
12. Kwan Tee：关帝庙

关帝：　华人团结的基石

1842年在萨林纳地区建立的关帝庙具有多重意义。它不仅是路易港地区首座庙宇，也为全体毛里求斯华人欢聚一堂提供了不可多得的场所。

陆才新在一次拍卖中花费780皮阿斯特（银元）买下了这块占地768托阿斯（法国旧长度单位）的土地。他为第一代移民修建关帝庙，并向所有从事相同祭祀活动的中国人开放。

在后来的几年中，陆才新还把这里作为一个仲裁处，他担任主席，调解华人间各种内部纠纷。

这座庙宇主要用来祭祀关帝，有两块祭祀场地供信徒祭拜神灵；一个小厅用来进行祭祖，还有一个售卖平安福、香、蜡烛灯祭祀用品的商店；内有一个小院，用一些花瓶装饰，栽种着茉莉花和榕树；二楼则有一间会客室，用于大型活动期间与各成员的会面。

除祭祀活动外，关帝庙还成为了一个促进华人团结的地方，这里凝聚了第一批华人移民。通过融合关帝庙的制度并汲取儒家思想，建立了一套道德规范，维护华人团结，尽管不同乡籍间存在冲突。部分华人开始皈依基督教。

2016年5月3日，关帝庙被列为毛里求斯国家遗产。

左图：路易港关帝庙平面图

上图：关帝庙祭坛

水彩画，天坛庙
Florent Beusse绘

1951年，客家人在信号山脚下建立八角形天坛庙，这是北京天坛在印度洋的唯一复制品。在这个供奉天神的寺庙里，三个祭坛的台阶代表世界的三个层次：天、地、人。

唐人街中心区域坐落着供奉财神的财神爷（Choy Shen Ya）庙。它始建于一百多年前的约瑟夫利威尔大街，后遭损毁，2007

年重建。

1890年，霍式宗庙仍是一座老式木质平房时，就吸引了众多霍式家族的信徒。2015年，霍式集团将其迁至Rémy Ollier Street一座崭新的大楼里。从此，商人的保护神关帝和观音菩萨（通常被女性所崇拜）在大楼的11层即顶层，庇佑着自己的信徒们。

水彩画，古城会馆
Florent Beusse绘

水彩画，普济寺
Florent Beusse绘

1948年，林家在Volcy Pougnet Street建立起普济寺，供奉着数尊神像：佛陀、文殊菩萨、观音菩萨和包公（以断案明辨是非闻名）。

旁边大厅则供奉十八罗汉，同时还有象征慈悲的千手观音以及一座千佛殿。

尼姑的生活

路易港的几座庙宇有固定的僧侣。锣鼓声、祈祷声、歌声交织在一起，营造出一种虔诚而神秘的氛围。

在普济寺内共有六名华人尼姑。平常她们穿着黑色长裙，在有特殊仪式的时候才穿上色彩鲜艳的服饰。她们通常在庙宇中祈祷，定期举行宗教仪式，也常应信徒之请，进行特殊祈祷活动，帮助信徒和神明对话，或者询问神谕。她们遵守一定的行为规范，从一本寺庙创始人Lim Fah Yue 1948年留下的书中汲取知识和准则。

在毛里求斯，一些女婴出于各种原因（家中女儿太多、出生日子不吉利、与家人八字不合、被认为是“不孕”女人的第一个孩子等）被送到庙里寄养，成年后很少有人离开寺庙。

如今，这种方式已被废除多年，寺庙尼姑的传承也变得不再确定，成为一个人们不愿提起的话题。

普济寺的一位尼姑

华人天主教会

虽然华人非常重视习俗和传统，仍有很多皈依天主教。最初在19世纪，几位华人为了娶克里奥尔老婆，选择皈依。1950年后，Mgr Jean Margeot神父创办天主教华人教会，在教会推动下，皈依者越来越多。实际上，尽管华人坚持庆祝中国节日，但他们明白，想要融入毛里求斯社会，不仅得学会克里奥尔语、法语和英语，还需要接受洗礼以得到在天主教学校里接受教育的机会。因此，1954年起，全国各地都进行着20到30多人的群体受洗。路易港教区还特意派了几个传教士来毛里求斯照顾这些新华人信徒，包括Van Der Valle神父、吴时春（Paul Wu）神父和来自美国的Mary Knoll修女。

至1980年初，三分之二的华人信奉天主教。

上图：Saint Jean Baptiste de la Salle小学的圣诞树，1953年

右图：50年代在路易港的大教堂的群体洗礼

吴时春神父和陈约翰神父

吴时春：　第一位华人神父

1928年，吴时春出生于天主教家庭，之后在武昌市教会开始神学之路。1949年，新中国成立后，中国成为社会主义国家，吴时春就前往澳门。1954年，他正式成为一名神父，受命前往毛里求斯，1950年，毛天主教华人教会成立，信徒数量不断增加。他刚来的时候，只能用拉丁语跟其他神父们沟通。但渐渐地，他学会了客家话、法语和克里奥尔语，并积极为年轻人和老人组织各种活动。1958年，他成为教区的管理者，后来成为西南印度洋地区华人社区的使徒代表。1980年，他创办明德中心，组织天主教华人教会各种活动。2002年，吴时春神父因为身体状况退休，回到中国。

明德中心

1980年，吴时春神父创办明德中心，中心的音乐和舞蹈学校使得毛里求斯人有了更多机会接触了解中国传统文化，明德很快名声在外。近年来，该中心开始提供汉语教学和太极、书法等中国传统文化课程。

明德中心提供成人汉语教育，同时还开办了一所幼儿园，接纳来自各个族群的125名儿童。同时，该中心定期举办社会和宗教活动。自1987年以来，明德中心出版刊物《晨曦》。

中国书法

7 唐人街的挑战

20世纪，唐人街许多族群内部和族群之间关系紧张，甚至发生对居民生活产生重大影响的悲剧。

今天，大部分华人依然居住于此，他们情感上的伤口似已愈合，但那些回忆和恐惧却难以抹去。

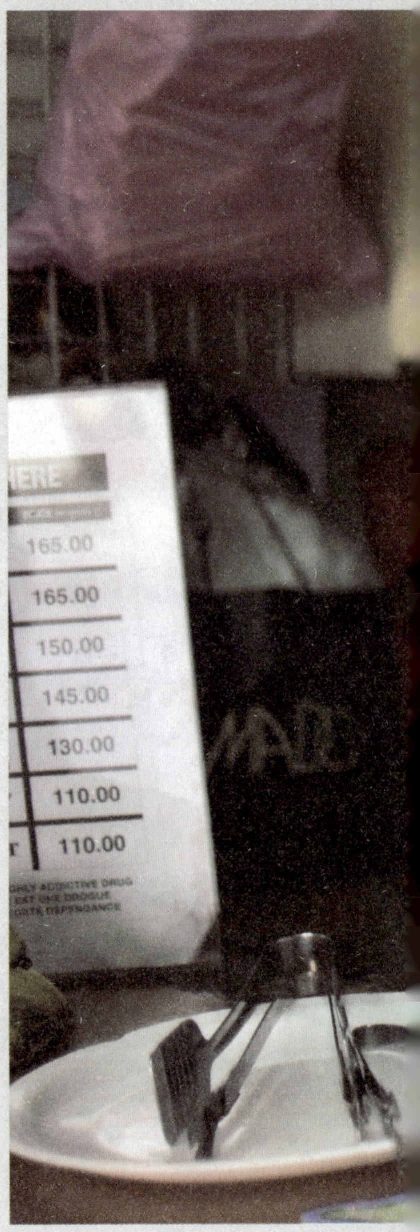

向左还是向右？

毛泽东画像

原计划在抗日战争和第二次世界大战后回国的华侨，最终选择留在毛里求斯。只有几个有闯劲，也可能是最为思乡的人，才回到祖国的怀抱。

1949年，中国的内战也将毛里求斯华人族群分为两派：一派支持蒋介石及其领导的国民党，一派支持毛泽东及其领导的共产党。

1941年起，中国大陆的军事冲突开始对毛里求斯造成影响：一些家长开始让自己的孩子从公开支持共产党的新华中学退学。

一座面向国民党支持者开放的学校——中华中学（Chung-Hua Middle School）建立起来，但60年代便停止授课，媒体也开始表明立场：《中华日报》公开声称支持国民党。50年代，在新中国成立以后，这种敌对气氛达到了顶点，《中华日报》总编辑甚至受到死亡威胁。

1949年，毛泽东领导的共产党掌握政权后，在毛里求斯，所有共产党支持者都受到当时英国殖民当局的敌视。

每年十月一日，共产党支持者都在仁和旅馆（今仁和会馆）进行集会，庆祝新中国成立的日子。

与此相反，每年十月十日，唐人街的大街小巷都举行着纪念推翻满清王朝的辛亥革命以及中华民国成立的庆典活动。

在几个举着中华民国创始人孙中山画像的人带领之下，由运动员和学生组成的队伍迈着正步举办游行庆典。人群挥舞着国民党小旗帜，穿过Royal Road,气氛欢快而热烈。

上图：孙中山的画像

下图：1941年10月10日在新华中学举办中华民国成立庆祝活动

1968年3月12日，毛里求斯通过一系列和平进程宣布独立，但其经济非常脆弱。

一系列支持和反对国家独立的运动使得时局日趋紧张，民众恐惧难以平复。

1972年4月，拉姆古兰总理应中华人民共和国总理周恩来邀请访问中国，两国建立外交关系。两位总理签署一份经济和技术合作协议。1972年5月29日，中国开设驻毛里求斯大使馆，从此以后，两国不断加强外交关系，中国高层领导频繁访毛。

1988年，中国在毛里求斯建立第一个海外中国文化中心，1980年9月，中华人民共和国副总理姬鹏飞率十五人代表团访问毛里求斯。在华人社团联合会（成立于1988年10月2日）不断努力下，毛里求斯华人群

体中大陆和台湾两派支持者之间的隔阂日渐消融，华人间的关系更加紧密。

上图：姬鹏飞副总理正式访问毛里求斯，1980年

旁页左图：拉姆古兰和周恩来总理，1972年

族群冲突

虽然毛里求斯通过和平进程实现独立，却未能让所有民众感到高兴。各族群间不同甚至是对立的利益诉求导致冲突不断。

1968年1月，穆斯林和克里奥尔人在路易港爆发冲突。政府颁布宵禁令，不安和猜忌使得唐人街的社会活动和夜生活彻底中断。

华商在他们的柜台后静观事态发展，对不受控制的暴力行为及其给路易港带来的伤害深感担忧。毛里求斯政府不得不寻求英国的帮助，英军进驻冲突的缓冲区——唐人街。

在这段混乱不堪的日子里，贸易转向萧条，只有朗姆酒出售仍在暗地中进行。在暴乱背景下，唐人街及其商铺也不得不接受英军的武器排查。这些商店本来都是各街区社会不同族群光顾的地方，不断的盘查让顾客们心生疑虑，惶恐不安。

数月后，唐人街和路易港的紧张事态

才逐渐平息。族群冲突也加快了路易港市民向岛上其他地区移居的步伐。

左图和上图：路易港市中心的族群冲突

1993年火灾

木质商铺被火龙吞噬

80年代，许多毛里求斯年轻华人选择离开唐人街。1993年发生的毁灭性火灾加速了这一进程。唐人街的居民对火灾愤怒、悲痛，不安，却又无可奈何。在他们的记忆中，痛苦与猜疑久久不能散去。

1993年10月8日星期五，晚七点左右，唐人街进入警戒状态。这里刚发生一场严重火灾。无力的人们从屋子仓皇出

Panique sur la capitale

Un violent incendie ravage Chinatown

Un véritable vent de panique et de peur a secoué une partie de la capitale dans la soirée d'hier. Un premier foyer d'incendie grave, relevé peu avant 19 h 00 à la rue Joseph Rivière, soit deux magasins, qui sont contigus au restaurant Ciel Bleu, devait se propager à d'autres immeubles en bois du Chinatown. La panique et la peur sont gagné des habitants de cette région de la capitale surtout quand ils ont constaté les maigres moyens dont disposaient les sapeurs-pompiers de la capitale avant qu'ils ne soient rejoints par leurs autres collègues de l'île, près de deux heures après le début du sinistre. L'autre foyer d'incendie très grave se trouvait en contre bas de la rue Joseph Rivière, soit plus précisément dans le bloc où se trouve la Jummah Mosque. Avec le vent qui soufflait sur la capitale dans la soirée d'hier, la tâche des pompiers n'étaiet guère facilitée, des étincelles étaient devenues incontrôlables et cette partie de la capitale affichait un air quelque peu surréaliste. A un certain moment, on avait cru au pirepour l'immeuble abritant la principale mosquée de l'île. Mais l'ardeur des membres du public devait avoir raison des menaces des flammes. VOIR PAGE 9

l'express

40 pages

SAMEDI 9 OCTOBRE 1993 31e ANNÉE No. 11297 LE NUMÉRO Rs 5.00

逃，大火很快吞没了木制房屋。消防员的灭火设备远远不够控制火势，群众悲愤交加。火势迅速蔓延，持续了近五个小时，造成巨大损失。万幸的是，许多附近的穆斯林信徒在火灾发生后自发救火，大清真寺得以幸免于难。

悲剧发生的次日，唐人街在哭泣。30多栋楼房和商店毁于一旦，损失高达近一亿卢比。然而，比起财产损失，第一代移民用汗水建立的商铺、华商总会保存的每个华人来毛的宝贵记录文件等全部付之一炬，更让人扼腕。这场大火给这个国家的民族记忆带来的损失无可估量。毛里求斯华人在悲伤与无奈之下接受现实，默默地进行重建。

火后的保寿堂废墟

友谊娱乐场惨案

actualité
générale
HIER SOIR À L'AMICALE DE PORT LOUIS
Au moins six morts dans un incendie à la suite du match Fire-Scouts
■ Les cadavres extraits des décombres à partir de 00 h 15 ce matin ■ Parmi les victimes on compte deux enfants et une femme enceinte ■ Des bâtiments et véhicules saccagés ou incendiés ■ De nombreuses personnes blessées

1999年5月，一起恶性犯罪事件让唐人街再遭重创。当地民众和媒体称之为“友谊娱乐场事件”。

友谊娱乐场由黎友添家族掌管，在赌博业中赫赫有名，是唐人街活力的象征。商店业主、公务人员、律师、赌徒、台湾水手等在赌场酣战至天明，乐此不疲。夜半时分，台湾水手因赌红了眼发生口角也是家常便饭，周边居民见怪不怪，并不因此担心营商出行等安全。

5月23日晚，由于老板身在国外，赌场里仅留下他怀孕的妻子和两个女儿，妻舅及赌场员工。与此同时，数公里外的Anjalay足球场正上演着一场足球决赛，对阵双方是“消防队”（Fire Brigade）与穆斯林童子军（Muslim Scouts Club）。双方交锋由来已久，本场比赛也一如既往十分激烈。临近90分钟比赛结束，消防队队员Henri Speville才攻入本场比赛唯一进球。

体育场顷刻乱作一团，童子军队球迷殴打裁判，卸下椅子投向球场，肆意乱扔手边的一切。暴力蔓延至路易港：Pope Hennessy街道警察局及其他几栋建筑被失去理智的球迷洗劫一空，路上的公交车、小汽车也未能幸免，多人受伤，局面完全失去控制。

这一暴乱与友谊娱乐场惨案间是否存在着某种关联至今仍是个谜。巧合的是，当晚7时，赌场突发大火，瞬间吞噬整座建筑。赌徒和赌场员工跳窗而逃。8时30分，消防车辆终抵现场。

次日，媒体报道，火灾造成六人死亡。事实上，包括老板妻子、女儿及妻舅在内的七人遇难。时任总统乌蒂姆将火灾定性为“屠杀”。不安与悲恸在唐人街蔓延。友谊娱乐场也就此销声匿迹。很长一段时期内，赌场残留的痕迹好似Royal Road上的一块伤疤，甚是刺眼。时至今日，当人们在此提及友谊娱乐场惨案，仍唏嘘不已。

旁页图：惨案次日，民众赴友谊娱乐场附近敬献花环，以示哀悼。

萬寶娛樂場
有限公司

8 重建与新生

年轻一代远走他乡、众多华人商贸公司停业，尽管困难重重，唐人街依然取得长足发展，华人群体对其历史和文化的执著古今一辙。

然而，如何让唐人街重焕生机，这是21世纪的毛里求斯华人面临的新的挑战。

传统与现代

右图：水彩画，位于Royal Road和Barbeau Road两条街道交汇处的商铺
Florent Beusse绘

在古老的木质商铺和新生混凝土建筑之间，历史与现实并存。尽管毛里求斯华人族群的观念不断发展，他们依然尊重家庭传统，通过举行中国美食文化节等大型文化活动为唐人街增添活力。

过去几十年中，不少毛里求斯新生代华人接受了西方生活方式，赴加拿大、英国、法国、澳大利亚等西方国家留学，学成后定居国外；与此同时，部分华人举家移民，希望改善全家生活水平。十年间，毛里求斯华人数量由35000人骤减至不足15000人。

过去20年中，学成回国的年轻华人成为公司经理，或从事医生、律师、会计、建筑师等自由职业。他们不愿在熙熙攘攘的唐人街安家，而更喜欢居住在路易港其他地区或其他市镇的新兴小区。这样的选择或许是出于实际考量，亦或许是他们下意识地希望不再唤起关于那些年艰苦生活的回忆。唐人街上那些曾经既当做商店、饭馆，又当全家人住所的逼仄老屋见证了当年前辈们打拼求生的艰辛。

上图：美食文化节期间舞龙表演

右图：90年代唐人街南门

尽管新一代华裔对唐人街已经失去好感，尽管早期移民开的小店多已关门歇业，但今天的唐人街依然是首都路易港最繁华的地区之一：贸易往来依旧活跃，华文报纸编辑室依然繁忙，林立的中国小吃店和餐馆为忠实的粉丝与游客日夜供应富有异域风情的餐食。当路易港夜半时分恢复安宁，麻将相互碰撞的声音却还依稀可闻。

公司
-SEN Co.
A 952

21世纪初，唐人街开始了现代化改造。一些中式建筑尽管外观饱经沧桑，却都被完好地保留了下来。华人会馆迁入新址，继续致力于促进中国传统文化传播，加强毛里求斯华人与祖籍国间联系。年长者或较穷困的华人继续通过会馆促进内部团结与支持，组织包括太极和中国传统舞蹈来丰富社会活动。

每逢重要的中国传统节日，华人族群热烈庆祝，盛况空前。近年来，中国美食文化节不但吸引了毛里求斯各族裔民众，甚至有外国居民与游客慕名前来。

随着中国日益成为世界新兴经济强国，更多的毛里求斯本土民众对学习普通话产生兴趣。

旁页：中国美食文化节

左上图：在南顺世袭广场练习太极

左上图：黎旺金女士

右上图：1939年黎氏家族合影

华人黎旺金的生活

在大卫街（David Street）上矗立着一堵气势恢宏的石墙。石墙一侧坐落着一栋精致的传统建筑和一个大型花园。房东是南顺会馆名誉主席黎旺金（Anne Marie Venpin）。她的日程如此充实：园艺、烹饪、太极、羽毛扇舞、出席各类社团聚会、中文课等等。唐人街几乎成为她生活的全部。

黎旺金出生于路易港，祖籍广东，家中八个兄弟姐妹，父亲在毛里求斯经营香料和红酒品牌“好运”，生意红火，家世显赫。据她回忆，“父亲酷爱音乐，为每个孩子都准备了一种乐器，我有一把小提琴。每周日，警察乐队乐手来家里教授音乐理论课，左邻右舍都能听到我们练习的旋律，这对我们来说非常幸运。”

一直以来，黎旺金住在父亲的老房子里，她认为是一种坚持，一种传承。现在，她住在房屋左侧，儿子住右侧。她表示，“为了避免祖先的灵魂离开寓所，我从不敞开大门。我们欠了祖辈很多，我们相信他们一直在保护着我们。”

房子入口挂着她丈夫家族（黎氏，Venpin）第一代来毛成员的合影，他们都是来自广东的客家人。有那么几年，广东人与客家人关系紧张，但黎旺金选择顶住压力，不墨守成规。她微笑着说：“我当时到了结婚的年纪，有位打着油伞的媒婆拿着一位年轻广东男子的照片找到我父母。我对那人没有感觉，何况我的心已另有所属。但由于我喜欢的是客家人，双方父母都很难接受我们相恋的事实。我坚持再三最终与他走到了一起。”此后，黎旺金诞下五个儿子，现在已经有了七个孙辈。

华联

除了以上提到的包括仁和会馆、南顺会馆等首批移民创立的会馆和社团，第二代、第三代华人创立了诸如中国学生协会（CSA）、中国圈（Chinese Circle）等组织。与接受中国传统教育的老一辈相比，这些在路易港皇家中学或英国大学读书的年轻华人接受了中国传统与西方现代这两种截然不同的文化。

在社会不断多元、融合与同化的新形势下，年轻一代华人亟须学会如何将代表中国社会价值的中国智慧发扬光大。为缓解毛里求斯华人群体内部摩擦，推广中国传统文化、弘扬团结分享精神，从社会经济层面方面提升毛里求斯华人社会整体福祉，在谢文章（Alex Fon Sing）、林烈荣（Ah Liet Lam Yan Yu）、Antoine Seeyave（Jr）、杨钦俊（Bernard Sik Yuen）、Clément Liu Man Hin、陈念汀（Emmanuel Leung Shing）、萧天生（Guy Siew）、陈淡麟（Jean Yip Tong）等12位华人的共同努力下，华联于1974年应运而生。目前，华联共有会员1500人。

封存的记忆

右图：舞狮与焰火

20世纪末，中国赴毛移民史再次受到关注。三场以移民为主题的国际会议先后召开，其中2012年召开的会议还举行了纪念毛里求斯新华中学成立一百周年暨中毛建交四十周年庆典。

2008年，历史学家Ly Thio-Fane女士（曾于1981年发表主题为《印度洋地区的中国移民》的博士论文）与教授林满登（Edouard Lim Fat）联名发文，介绍中国人如何融入毛里求斯社会；2009年，Marina Carter和James Ng Foon Kong出版著作《算盘与麻将》，分析毛里求斯华人历史及社会地位；1992年，Joseph Tsang Man Kin出版纪念客家族的史诗《客家名歌》；2014年，Peggy Lampotang出版首部小说《珊瑚之心——一个店主的旅行》，讲述20世纪初一位年轻的中国移民来到毛里求斯的故事。

“你必须停止生育，你可怜的女人需要休息。”她说道。

我说：“Mee Yin，你已经成为外国佬了。在中国，人们认为子女越多，家庭劳力越壮大。我们计划回国买房。”

“你疯了吗？为何还想回去？内战将中国消耗殆尽，眼下日本人也开始觊觎中国，这是一个贫穷又危险的国家，即将成为历史。未来与希望在欧洲，教育才是关键”。

——节选自《一个店主的旅行》

与此同时，新的文化艺术组织不断涌现，例如1986年成立中国音乐学校、1990年成立中国武术舞狮协会、1996年成立毛里求斯武术联合会，均受到国际认可。

左上图：二胡

右上图：扬琴

旁页图：19世纪70年代的华人乐队

中国音乐学校

音乐是中国文化的重要组成部分，孔子曰：音乐可“以善民心”，强调了这一艺术形式的教育与道德价值。

1986年创立的中国音乐学校教授中国古典音乐以及传统乐器演奏，包括笛子、胡琴、二胡、扬琴等。校方在中国春节、毛里求斯国庆日（3月12日）、国际音乐日等节日定期组织音乐会，丰富当地文化生活。

2005年起，学校的音乐教学师源充足，不再需要外籍教师协助。

中国文化中心

坐落于Bell Village的毛里求斯中国文化中心成立于1988年，是中国政府在海外设立的首个文化中心。

文化中心对所有毛里求斯民众开放，中心图书馆提供众多介绍中国的书籍。除不定期举办表演、音乐会、展览外，中心面向公众提供汉语、传统、民族及古典舞、武术太极等多种课程，以及书法、音乐、绘画、歌唱等短期培训。

上图：中国文化中心

下图及旁页：中国艺术家表演

中国遗产中心

中国遗产中心系卢烟胜夫妇（Henry Loo 和 Thérèse Loo）于2008年2月宣布落成，原址在唐人街中心地段霍宅（Fock Diack Pagoda）附近，2010年由于所处楼房重建而被迫迁址。2013年12月，遗产中心最终在大湾附近临时落脚，面积较前有所扩大，等待最终迁回唐人街中心。

博物馆通过翔实的历史资料、照片、实物等讲述了中国移民在毛里求斯的动人历史与传奇故事。

遗产中心通过原景重现，为公众呈现六个主题：中国人抵达毛里求斯及发展历史，商铺，美食，文化，庙宇及媒体。

右图：2008年中国遗产中心路易港入口

旁页：中国商铺模型

Coca-Cola

唐人街美食文化节

中国餐饮文化以其菜肴种类之繁多、色香味之与众不同及其刀工、装盘、烹饪手法之精妙深受毛里求斯各族裔民众喜爱。

2004年起，由华商总会（CCC）发起创立中国美食文化节，每年五月在唐人街隆重举行。这一年度盛会吸引了更多毛里求斯民众和外国游客近距离感受中国饮食文化，为唐人街又增添了一抹生机。

美食文化节期间，舞龙舞狮、风水介绍、卡拉OK、外国文化团组表演、唐人街小姐选拔、麻将、风筝竞赛、烹饪表演、各类中国特产展卖等丰富多彩的活动令来宾心醉。

左图及旁页：唐人街美食文化节盛况

T READY!
与文化节
Coca-Cola

龙舟节

2005年起，每年农历五月初五重五节（龙舟节或端午节），庆祝活动在路易港蔻丹广场隆重举行。

龙舟节起源于纪念战国末期楚国诗人屈原。

四条船头雕有彩色龙头、装饰华美的龙舟上各有20名选手，他们在锣鼓声和观众的呐喊声中你追我赶，彼此较量，欢乐的节日氛围蔓延开来。

旁页：龙舟节

屈原

屈原生于公元前340年，是战国时期楚国（公元前770年至476年）伟大诗人、思想家和政治家。因遭贵族排挤毁谤，以颠覆政权的罪名流落他乡。公元前278年（秦攻破楚都）农历五月初五，悲愤交加的屈原抱石自沉汨罗江，以身殉国。得知消息的渔夫们景仰屈原，悲痛异常，连夜在江中打捞尸体，未能成功。为保留其全尸，避免江中的鱼进行破坏，渔民自发地向江中投掷芦苇叶包着的糯米团；同时，使劲敲响船只，吓跑贪婪的鱼儿。

这就是重五节吃粽子的来历。用竹叶将煮熟的糯米包裹成三角形即为粽子。与伴有红枣等其他辅料不同，毛里求斯的粽子往往不加调料，简单地佐着花生碎和白糖即可食用。

左上图：屈原像

右上图：传奇的粽子

重焕生机

长期以来，唐人街以其繁华的社会生活被定义为毛里求斯的经济中心，随着国家不断发展，现代化生活方式深入人心，国家的重心发生转移，古老的唐人街亟待重焕生机。

俗话说，濯足清流，抽足再入，已非前水。历史与重生的历史截然不同。历史虽终将成为过去，但这转瞬即逝又刻骨铭心的历史却可以帮助我们预知未来。在保留传统根源的前提下，唐人街期待重生。中国有句谚语：风向转变时,有人筑墙,有人造风车。唐人街是否能够再焕生机，取决于年轻一代的才智与能力。

时过境迁，略显沧桑的唐人街风韵犹存。尽管中式建筑越来越少，不同族裔于此欢聚一堂和谐相处，唐人街的社会多元化成为其新的名片。与此同时，多栖发展、集社会、居住、商贸功能于一体的唐人街迎来第二春，国家乃至国际影响力不断提升。

上图：中式小花园

左图：中国茶

上图：传统商铺
下图：荷花

海纳百川，渴望开放，超越传统，激发创新。而文化似乎是唐人街重焕活力的最佳引擎。文化能够跨越国界，给唐人街带来生机、活力与创新，为思想交流和大胆创意提供沃土。

未来的唐人街或将新建一系列相互连通的庭院和绿地，为民众提供休闲娱乐场所。

目前，唐人街上的建筑以一块块狭小土地建起的两层木质楼房为主，首批移民在此安家。房屋一层用于经营生意，二层或通往后院的阁间用于居住。家家户户后院都砌有围墙。未来或将围墙拆除，修建小道连通各家后院，并种植花木，打造中式花园，美化周边环境。

在这充满活力的多彩街区，或将引入各种商业艺术活动：茶室、咖啡馆、餐馆、酒吧、艺术家工作间、画廊、剧院等，人们可以安心地穿梭于此，乐在其中。

唐人街的历史文化遗产既是知识的宝库，也是一个时代、一个民族的名片，更是国家不可多得的宝贵遗产。在发展经济的同时，对其进行修复至关重要，如听之任之，这些遗产或将在现代化进程中消逝。

然而，保护唐人街的遗产远远不够，如何吸引不同年龄、不同种族的人们重返至此工作生活，是另一挑战。

不断的尝试与集体的智慧能够赋予唐人街新的内涵：将其打造为首都中心，通过音乐会、节日、演出、展览等让民众在这里感知生活、艺术与文化。

毛里求斯盛产天才艺术家、音乐家、舞蹈家、画家、摄影师、演员、设计师等。2016年5月，应中国美食文化节主办方邀请，艺术家Raymond Levantard在唐人街中心地段Dr Joseph Rivière Street创作壁画。

这一全新的艺术形式给唐人街带来了新的希望：唐人街的文艺复兴，即将自身打造为对话与艺术交流的平台。

由艺术家Chloélp创作的拼贴画（左图）；Karen Pang及Eric Lee摄影作品（右上图及右下图）

传说中，一大群鲤鱼沿黄河逆流而上，当它们抵达瀑布，许多锦鲤选择不再前行，顺流而返。另一些锦鲤不轻言放弃，迎风击浪。经过百年的坚持，一条锦鲤终于跃上了瀑布顶端。

神灵们被这条锦鲤的坚持与决心感动，将其化身为象征着权利与力量的龙。

艺术家Raymond为路易港灯光节创作的涂鸦

ART
2005
تونس
GLORY
1968
L'INTERCULTURALITÉ!
AUTHENTICITÉ
11
@
Didier
WONG

雄心与梦想

毛里求斯的中国移民最终通过艰苦奋斗在这里扎根立足，摆脱了曾经的贫困与苦难。其中大多数人当初选择只身离开祖国，初衷是通过在此打拼，改善家人生活质量，有朝一日重返家乡，与家人团聚。

20世纪中叶发生在中国的政治事件让他们改变想法，大多数人选择留在毛里求斯。华人在毛社会地位的提升固然与其勤奋、付出与智慧息息相关，但更离不开他们团结一心、守望相助。

现今，现代化信息通讯技术普及，年轻的毛里求斯华人在全球化大环境下不断解放自己，真正地融入当地社会，采取全新的生活方式。许多人已不再使用先辈的方言，树立了不同的价值观。

孔子曰：后生可畏，焉知来者之不如今也。唐人街的命运正由年轻一代掌握，他们有责任让历经沧桑的唐人街重焕活力。

然而，许多年轻华人认为与祖辈间的代沟越来越深，加上唐人街活力不复往日，他们选择远离，唐人街重生的任务更显艰巨。

同世界各地许多其他城市的经验类似，或许我们能够邀请来自不同族裔的文化、艺术大师来到这里，发挥创造力，通过改善城市面貌、增添文化元素，让唐人街重聚生机，吸引老中青三代华人群体再次汇集于此。

只要向艺术家和青年人敞开大门，唐人街就不会落伍于时代。

左图：Didier Wong Chi Man绘

文献目录

书籍

- AKY Hélène, *Encre de lave*, Sulliman ISSOP, 2012.
- AH-FAT Pierre, *Père Paul Wu, Du fleuve Yangtse. Au bord de la rivière Lataniers*, 2014.
- BILLIARD Auguste. *Voyage aux colonies orientales.* Paris: Ladvocat, 1822, pages 29-59.
- BERTHELOT Lilian, *Sir Jean Étienne Moi Lin Ah Chuen* (1911-2001).
- CARTER Marina & NG FOONG KWON James, *Abacus and Mah-Jong,Chinese Settlement and Socio-Economic Consolidation in Mauritius*, Brill Leiden Boston, 2009.
- LAM PO TANG Peggy, *The Coral Heart, A shopkeeper's journey*, 2014.
- LIM FAT Sir Édouard, *From Vision to Miracle*, 2010.
- LY TIO FANE-PINEO Huguette, *La diaspora chinoise dans l'océan Indien occidental,*Association des Chercheurs de l'océan Indien, Institut d'histoire des pays d'outre-mer, GRECO-Océan Indien Aix-en-Provence, 1978.
- LY TIO FANE-PINEO Huguette & LIM FAT Edouard, *From Alien to Citizen,The Integration of the Chinese in Mauritius,* Éditions de l'océan Indien, 2008.
- MARTIAL Yvan et MAUREL Edmond, *Antoine New Seng Seeyave, un homme une vision, A man and his vision*, Yvan Martial, 2009.
- PAN Lynn (ed.), *The Encyclopedia of the Chinese Overseas*, Éditions Didier Millet, 1999.
- PIKE Nicholas, *Sub-tropical rambles in the land of aphanapteryx. Personal experiences,adventures,and wandering in and around the island of Mauritius,*Sampson Low, London, 1873, pages 58, 59.
- PITOT Albert, *T'Eyland Mauritius*, Port-Louis, 1905).
- RAJAONAH Faranirina V., *Cultures citadines dans l'océan Indien occidental (XVIIIe-XXIe siècles)*, Éditions Karthala, 2011.
- RICHON Emmanuel (textes) & JULIEN Béatrice (photographies), *Laboutik sinoi,La boutique chinoise,Photographies,* Éditions Christian Le Comte, 2010
- RYCKMANS Pierre (translated by), *Les entretiens de Confucius*, Éditions Gallimard, Paris, 1987.
- TOUSSAINT Auguste, *Port-Louis, Deux Siècles d'Histoire*, 1935, republished in 2013, Éditions VIZAVI.
- TSANG MANG KIN Joseph, *Le grand chant Hakka*, Éditions du Flamboyant, 1992.
- WONG-HEE-KAM Edith, *La diaspora chinoise aux Mascareignes, le cas de La Réunion*, Éditions L'Harmattan, 1996,
- WONG-HEE-KAM Edith, *De Confucius à Qu Yuan, Humanisme, Courage et Poésie chez les lettrés chinois*, Azalées Editions, 2006.

报章杂志

- *Le vieux quartier chinois*，Huguette Ly Tio Fane-Pineo，*L'Aurore* n° 1，January 1987.
- *Structure sociale de la communauté chinoise (I，II，III)*，Huguette Ly Tio Fane-Pineo，*L'Aurore*，n° 4，August 1987，n° 5 October 1987，n° 6 December 1987.
- 'La littérature chinoise-Entretien avec Joseph Tsang Mang Kin' (interview by Josiane Fievez) in *La Littérature mauricienne*, Notre librairie，n° 114，July-September 1993.
- *Si Chinatown m'était conté*，Roland Tsang Kwai Kwe，*Le Quotidien*，9 June 2007.
- *Students' Bookshop*，*Pleins feux sur la culture chinoise*，*Le Mauricien*，25 February 2012.
- *Les jeux traditionnels chinois-Scope*，19 February 2015.
- *Dragon Boat Festival* 2015，*Le Mauricien*，3 June 2015.
- *La fête des bateaux-dragons célébrée au Caudan*，*Week End*，8 June 2015.
- *Chinese Astrology*，Charles Ng Cheng Hin，*Chinatown Mauritius Magazine*，n° 2，July 2016.

插图来源

- Courtesy of Ben AH HING：pp 41，82
- © Archives Départementales de La Réunion（ADR）：p 20 ref. FRAD974_99FI129，p 28 ref. FRAD974_109FI23，p 33 ref. FRAD974_56FI55，p 33 ref.
FRAD974_56FI42 et FRAD974_56FI44，p 39 ref. FRAD974_109Fi74，p 51 ref. FRAD974_109FI12，p 53 ref. RAD974_109FI13，p 82 ref. FRAD974_109FI76
- © ART 65385：p198
- © François-Louis ATHÉNAS：p 191
- Courtesy of France ATHOW：pp 29，38，49，116，170
- © BASEL MISSION ARCHIVES / Basel Mission Holdings，p 36 Bridge of ships near Kaying-Hermann Bay (1922-1932) ref. QA-30.015.0022
- © Private collection Arnaud BAZIN：p54 IP2.43
- © Florent BEUSSE：pp 58，59，64，119，122，124，125，157，161，163，165，166，167，168，189
- © BIBLIOTHÈQUE DÉPARTEMENTALE DE LA RÉUNION：p 34 ref. 910.4 ERN（MAU）.117
- © BLUE PENNY MUSEUM（Mauritius）：pp 10，16，27，30，35，42，46，47，50，65
- Courtesy of CENTRE MING TEK：pp 142，171，172.
- Courtesy of Yves CHAN KAM LON：pp 19，85，141
- Courtesy of Sally CHAN YOU FEE：pp 110，112
- Courtesy of CHINESE CULTURAL CENTER：p 200，201
- Courtesy of CHINESE CHAMBER OF COMMERCE：p 87
- Courtesy of CHINESE HERITAGE CENTRE：pp 26，62（donateur Huguette Ly Tio Fane-Pineo），70，72，131，160，164，202，203
- © Chen CONGZHOU：p 4
- © DODOIMAGES：pp 45，90，97，102，135，180，181
- © Pavel DUDEK：p 208
- © EDITIONS VIZAVI：15，52，73，146，183
- Courtesy of Axelle GAILLARD：p 55
- © GEOGRAPHICUS RARE ANTIQUE MAPS：p 8
- © GOVERNMENT INFORMATION SERVICES：pp 57，60，103，155

- Courtesy of GUIMBEAU Family-DOMAINE DES AUBINEAUX：pp 40，77
- © HIN：p 177
- Courtesy of HUA LIEN：p 195
- © Chloé IP：p 211
- © JINGAIPING：p 173
- © Veronika KACHALKINA：p 153
- Courtesy of Yvette KIOW CHAN WAN FONG：pp 32，44 67，88，114
- Courtesy of Maxime KOON SUN PAT：pp 14，80，88，98，99，100，101，108，109，149，177，178，179，196
- © KOOSEN：p 127
- © LA SENTINELLE：pp 183，184
- © Stuart LAI CHEONG：pp 108，111，194
- Courtesy of LAI MIN Family：pp 118，120，121
- © Patrick LAVERDANT：pp 68，156，186，187，197
- © Eric LEE：pp 211，212（Mural © Raymond Levantard）
- Courtesy of LEW CHEW SIN CHAN：p 84，101
- © LI CHAOSHU：p 209
- Courtesy of LI WAN PO Family：p 83
- Courtesy of Linda LIM FAT：pp 43，94，95，138
- Courtesy of LIU LEW FAI Family：p 139
- © Saranya LOISAMUTR：p 71
- Courtesy of LOONG SEE TONG SOCIETY：86，143
- © MAHATMA GANDHI INSTITUTE（Mauritius）：p 18
- © MAKISTOCK：p 158
- © Nicolas MALACHIE：pp 23，79，125，133，157，159，169，175，193，194，204，205
- © Arch MERCIGOD：p 117
- © M.E. MULDER：p 198
- © MUSÉE HISTORIQUE DE VILLÈLE（Réunion Island）：p 136 ref. 1991.49.12.1，p 137 ref. 1991.49.12.6,
- Courtesy of NATIONAL LIBRARY（Mauritius）– Le Cernéen：p 22

- Courtesy of Charles NG CHENG HIN：p 79
- Courtesy of Dr.Kevin NG CHENG HIN：p 81
- Courtesy of James NG FOONG KWON：p 144
- Courtesy of Mylène PAKEEREE：p 67
- © Karen PANG：p 211
- © PEBSCO STUDIO：p 162
- © Michel PICCAYA：p 176
- © Yves PITCHEN：pp 115，126，128，132，148，185，191
- © Lisa S：p 127
- © Dominic SANSONI：pp 66，74，123，129，130，137，147，151，154
- Courtesy of Antoine SEEYAVE：pp 92，93
- Courtesy of SIEW HEW SAM Family：pp 13，14，114
- Courtesy of SIEW TIN TONG Family：pp 37，113
- Courtesy of SIR JEAN MOI LIN AH CHUEN MEMORIAL：pp 34，87，91
- © Jaffar Hussain SOBHA：pp 106，107，117，182，183
- Courtesy of Pascal SOUFFLET：pp 24，25
- © Anna SUBBOTINA：p 209
- Courtesy of George SUI TIT TONG：pp 63，65，69，75
- © Julien VENNER：pp 192，193
- Courtesy of Anne-Marie VENPIN：pp 114
- © VOYATA：p 210
- © Ritthawon WASAN：p 210
- © WINDMOON：p 206
- © Didier WONG CHI MAN：p 215
- © David YANG：p 188
- Courtesy of YIP TONG Family：pp 104，105
- Courtesy of Dhan YONG：p 190
- © YURUMI：p 152

致谢

我们衷心感谢所有为本书诞生提供鼓励、支持和帮助的人。他们或是向我们敞开心扉，分享回忆，或是提供历史文献、珍贵照片，抑或是提供线索、提出建议。我们尤其要感谢以下人士为本书所做贡献：

- 感谢中华人民共和国驻毛里求斯共和国大使李立阁下为本书作序，并为中文版出版提供宝贵支持；

- 感谢唐人街资深导游Ah Kwet LI；
- 感谢唐人街居民、传统文化的捍卫者黎旺金（Anne Marie VENPIN）；
- 感谢Roland TSANG KWAI KEW，他是一本唐人街的活历史；
- 感谢 陈娇玲（Yvette KIOW CHAN WAN FONG）作出的宝贵贡献；
- 感谢曾经的唐人街商店主Thérèse CHUNG MING KAN；
- 感谢关帝庙管委会的陈念庐；
- 感谢经营Dazzling Star的HO NG家族；
- 感谢Charles NG CHENG HIN的热情接待、耐心倾听和宝贵建议；
- 感谢Joseph TSANG MANG KIN 提供的信息；
- 感谢《镜报》和《华侨时报》的前记者Poon Yune Lioung POON YOW TSE；
- 感谢学生书店的创始人以及《华帮日报》社社长萧友进（LEW CHEW SIN CHAN）；
- 感谢《华侨时报》社社长M.LO；
- 感谢Johnny LIM；
- 感谢普济寺尼姑MAH XIAN（Ah Sien）女士；
- 感谢Unipharm 药店老板 Armand AH KONG；
- 感谢陈怡堂家族的宝贵贡献，尤其是陈迈朋（Percy YIP TONG）的动人讲述；
- 感谢LIU YEW FAI 家族，尤其是Meelan Thondoo提供的宝贵建议和热情支持；
- 感谢李辉祥（Philip LI CHING HUM）先生提供的中肯意见和热情支持；

- 感谢艺术家Chloé IP、Éric LEE、Karen PANG、Raymond LEVANTARD、Didier WONG CHI MAN、Émilie YEUNG CHING YUNG和 David YANG的宝贵贡献；

- 感谢中国遗产中心，尤其是Thérèse LOO女士给予的巨大帮助；

- 感谢明德中心，尤其是Marie Anne FONG；
- 感谢仁和会馆，尤其是主席Ah Men LIM FAT的热情帮助；
- 感谢南顺会馆；
- 感谢华联，尤其是Georges CHUNG；
- 感谢陇西堂李氏会馆（Loong See Tong Lee Society），尤其是Paul LI；
- 感谢叶氏宗亲会（Oy King Sar Chan Society）；
- 感谢FOK家族，尤其是Jennifer FOK；
- 感谢黄氏家族，尤其是黄国定（Patrick WONG）；
- 感谢新华中学，尤其是校长林努宏（Ah Noo LAM）；
- 感谢华商总会，尤其是会长Pierre LEUNG 以及CHAN女士；
- 感谢华商经贸联合会，尤其是会长李孟浩（Lee Meng How ONSIONG）；
- 感谢朱氏（AH CHUEN）家族所作贡献；
- 感谢中国文化中心，尤其是袁定女士给予的中肯建议；
- 感谢法国文化中心多媒体图书馆，尤其是Catherine CAUDAN在图书借阅方面给予的协助；
- 感谢Sally LEUNG YUK YUE、France ATHOW、Linda LIM FAT、管世仁（Maxime KOON SUN PAT）、肖发光（George SUI TIT TONG）、Steward 和 Ginette LAI CHEONG、GUIMBEAU家族、尤其是 Jean-François 和 Virginie、SIEW TIN TONG家族、Ben AH HING、陈国柱 (Yves CHAN KAM LONG)、吴庚奎博士（ Dr Kevin NG CHENG HIN）、杨檀广（Dhan YONG）、谢影霞（Liliane LI WAN PO）、黎永棉 (LAI MIN) 家族、Pascal SOUFFLET、Antoine SEEYAVE、林红龙（Peggy LAMPOTANG）、Axelle GAILLARD 和 Marlène PAKEEREE 同意我们使用有关照片、手稿、文献；
- 感谢摄影师Dominic SANSONI、Patrick LAVERDANT、Yves PITCHEN、François-Louis ATHÉNAS、Nicolas MALACHIE、Julien VENNER、Jérôme TIBROSS，蓝便士博物馆的Emmanuel RICHON 和 Virgil GUEREL、甘地学院的Sooriya GAYAN和 GOVINDEN 先生、政府信息中心的 CALLYCHURN、DodoImages公司的Michael MORDAUNT-SMITH、Jean-Baptiste URBINI、国家图书馆的Belinda RAMNAUTH女士、La Sentinelle报业集团的Ronald RAIMBERT、阿普拉瓦西・加特遗址管委会的Christèle MIA FOH、Imaaya艺术画廊的Charlie D'HOTMAN、法属留尼旺莱昂・迪尔克斯博物馆的Bernard LEVENEUR、法属留尼旺大区文献馆、法属留尼旺维莱尔博物馆、法属留尼旺大区图书馆以及瑞士Mission 21- Protestant mission Basel教会；

- 感谢Florent BEUSSE的精彩艺术创作
- 感谢James NG FOONG KWONG提出的中肯建议；

- 感谢Marina CARTER认真审读书稿并提出意见；
- 感谢Dominique BELLIER协助调整文稿；
- 感谢Pascale REISS的友情支持；
- 感谢Nicholas RAINER完成本书英文版翻译工作；
- 感谢苏玮东、罗一彰、方炜、韩康敏、姜艾凝、胡子豪、杜欢欢、廖宁等完成本书中文版翻译工作；
- 感谢Philippe RITTER的独到见解和中肯建议；
- 感谢我的丈夫Gaëtan和儿子Kim给予的坚定支持 。